浪漫交通迷解碼

林兆榮 著

社會文化

目錄

6 **黃念欣序** 一表人才交通迷解碼

10 **作者序** 自我尋覓的過程

18 **導讀** 關於「迷」的想像

第①章 生於最頂尖的巴士城市

30 「巴士迷」盤古開天——愛在九十年代之前

37 巴士資訊流變——從辦報、論壇到自媒體

42 社區與時代對巴士迷的塑造

47 巴士迷的基本學問

第②章 向世界出發的鐵路迷

58 香港鐵路迷的誕生

63 本地鐵路的地域性

65 不同年代鐵路迷的追尋

第③章 微縮的交通世界——模型的故事

81 上帝的視角

83 香港製造，香港缺席

88 第一部巴士與鐵路模型的誕生

92 巴士模型——走進百花齊放的日子

98 鐵路模型——來自日本與歐洲的救贖

102 在現實築構一個理想的鐵路世界

106 在哪裏買交通模型？——巴士與鐵路模型銷售簡史

111 火車巴士變火箭——搶購、炒賣與二手市場

120 模型收藏家

第④章 捱更抵夜風餐露宿究極實測！首航、歡送與牛河

127 首航與歡送，交通迷的等待與爭執

132 相迎相送，當東鐵綫橫越維多利亞港

142 新巴告別——甘泉瘋狂一夜

148 不能吃的「牛河」

第⑤章 回頭已是百年身——保留歷史車輛

155 在消防車上烤肉的人

159 必須消失的車，力挽狂瀾的人

164 如何保留一部退役巴士？

170 從新界到世界——退役巴士的最後時光

175 鐵路是否無法收藏？

第⑥章 從北歐慢電視到街頭毆鬥——交通錄像與攝影

183 錄像——從卑爾根出發

191 攝影——美麗的不期而遇，醜陋的街頭毆鬥

第⑦章 他山之石——香港交通迷在世界

207 「我被中國製列車夾過，然後愛上了中國高鐵」
—— 一個中國高鐵迷

213 從喜歡鐵路至以鐵路的發展研究歷史
—— 鐵路迷學者的學術追尋

218 「怎樣可以告訴全世界，我眞係好鍾意坐火車？」
—— 破世界紀錄的鐵路乘客Rick

222 因爲家燕姐的月餅廣告，對鐵路產生興趣
—— 一個日本鐵路專家的誕生

226 從日本到東南亞
—— 追尋不存在國家列車的鐵路迷

229 我以交通爲起點，認識一個地方

第⑧章 車票、印刷品與紀念品

237 車程後的珍貴遺產

242 印刷品、單張、刊物——交通歷史的重要紀錄

248 膠牌、站牌、退役巴士零件

第⑨章 親身考牌，殺入業界，提出政策倡議

253 身爲交通迷的我，考了一個巴士牌

260 走進業界的交通迷

265 知識與熱情歸於人民——交通迷的政策倡議

第⑩章 那些你的、他的對交通迷的印象

279 交通迷的既有形象

282 從不良交通迷的「戰績」談起

288 街頭可見的愛

292 交通迷等於有自閉症？

296 當我的兒子是「巴士迷」

299 交通迷也有女生嗎？

304 **後記及鳴謝**

序

一表人才交通迷解碼

黃念欣（香港中文大學中國語言及文學系副教授、文學院副院長）

作爲一位「交通迷」的母親，除了或多或少有機會迷上一點交通知識，更大機會是成爲各種「交通迷」的迷——聽到誰家數學資優孩子迷上鐵路，或是哪位會考狀元圓了九巴車長的夢，以至看到侯孝賢《咖啡時光》裏那個每天在JR上優雅地收集電車聲音樣本的淺野忠信，都會精神一振，或心頭一暖。每一個交通迷彷彿都盛載着孩子的可能性，也反映着父母心深處望子成龍的面貌。但坦白說，眞讓我看到一個交通迷的「成就」，是由認識林兆榮的作品開始。

有關兒子坐巴士的戲劇化時刻，董啟章在《命子》寫了不少。一般人認爲小說中母親缺席，但事實上在阿果還未能自己坐巴士的小學階段，我們會採用輪班制分而治之，是以我在雙層巴士上層最前排座位上，也渡過不少週末時光，一家三口同行倒是少數。阿果透過「藝術有SENse」計劃認識林兆榮那天我不在場，只記得他回家後總結：「今日見到白雙全，好搞笑；還有一個巴士迷哥哥林兆榮，鬈髮圓眼鏡，居然幾靚仔。而且應該識好多女仔。」

一個巴士迷「居然」幾靚仔和識好多女仔固然神奇——後來見識到林兆榮的畫功、創意與文學潛力當然也很神奇，但那是後話——而阿果居然關心別人的外表與感情生活才是奇上加奇。正如《浪漫交通迷解碼》書名所言，一個交通迷如何能與浪漫沾上邊，是需要解碼的。林兆榮是第一個讓我在巴士迷身上看到曙光的人。後來讀他的《訊號山劇院》，看到他寫一個浪漫的故事的能力，寫實與想像力兼備的嚴謹畫功，「童軍跳彈床」式的社會諷刺喜感，以及《明報．星期日生活》上有藝術根柢的行爲藝術，全面完善了一代交通迷的想像。

林兆榮的作品完全乎合他IG上的斜槓人生組成：「藝術家，旅遊／藝術／文字創作／交通研究／節目主持／Lego Moc／設計／講師／散步」。《浪漫交通迷解碼》進一步展示「交通迷」現象作爲一項學術研究的潛力，更重要是進一步逆轉此一身分的自我封閉、沉溺成癮的刻板印象，展示交通如何構成一個城市的血脈與氣息，寄託了掌中微縮世界的想望，在首航與歡送中流露川流不息的深情。既向世界出發，又有社區在地關懷；理論想像豐富，業界實踐亦不可少。

《浪漫交通迷解碼》的關鍵詞當然是「浪漫」。所謂浪漫，不過情之所鍾，一往有深情，全見於書中第一章標題「生於最頂尖的巴士城市」。人生能身處「最頂尖」能有幾可？但交通迷教曉我們，從來我們就生於一個交通工具百花齊放的城市。各式各樣的迷（Fandom），其實都是最會感恩的人，感激世界有一個讓他們熱愛的理由。張岱亦有云：「人無癖不可與交，以其無深情也。」

此刻的阿果正在澳洲讀City Planning碩士，課程裏有Urban Transport Planning Practice一科，大綱是這樣的：Analytical techniques for urban land use/transport planning practice. Planning methodology: traffic generation, trip distribution, modal-choice, traffic assignment, evaluation. Land use forecasting: calibration and verification of behavioral models, application of mathematical programming models, case studies, public transport problems. 看完我幾乎想跟他說：不如你返香港跟林兆榮讀啦。《浪漫交通迷解碼》基本上是一個完美研究示範。但轉念一想，林兆榮給阿果的另一重要啟發，是要在澳洲學習修練的，所以還是得堅持下去。謹向所有交通迷，以及迷上交通迷的人，推薦這本書。

作者序

序

自我尋覓的過程

林兆榮

是自我尋覓的過程。

記得當年深水埗西九龍中心和銅鑼灣時代廣場開幕宣傳，其中一項重點是電梯：西九龍中心有跨層電梯；時代廣場則有四條罕有的弧形電梯。時代廣場開幕的頭幾個星期，弧形電梯滿是遊人——那時爸媽帶我坐了一次，回頭想坐第二次時，電梯口已擠滿了人，多半是小孩。

這個罕有的弧形電梯在1985年日本筑波世界博覽會首次展出，最初只是精緻技術示範，速度也不高——大概像「方形西瓜」一樣，好睇唔好食。但是，1992年，大家因爲這條電梯，多了一個去銅鑼灣行街的藉口。

亞洲電視八十年代有一個資訊節目叫《我愛香港》，還有無綫電視的兒童節目《430穿梭機》、日本外務省的《日本風情畫》，常常介紹各種交通工具（包括巴士火車飛機渡輪）、電腦科技、氣候和工業新知。回到學校，這些成爲同學之間的討論話題。九十年代的日本旅行團，除了東京迪士尼，乘搭「子彈火車」（即新幹線）是必然環節。這種對世界有趣物事尋覓的熱情，到我讀中學的時代好像起了變化。

中三後，我頗會隱藏交通迷的「身分」。 世上突然容不下籃球（MK嘢隻）和時裝（MK嘢隻）以外的興趣，基本上喜歡巴士鐵路電腦歷史掌故時事地圖和非流行音樂都是怪胎——當然，前三者特別怪。

當時學校門外是一個巴士總站，其中一條巴士線將在一夜之間從全熱（非空調）變全冷（空調），大批巴士迷在總站守候，記錄「熱狗」（非空調巴士）在這條線的最後時光。我早就準備菲林相機在校門外守候，然後隨便截停一位同學幫我影巴士。我像導演一樣，在三、四米外指示那位熱心幫我充當攝影師的同學M。

很怕被同學見到我影巴士，因為連我都覺得巴士迷很奇怪，到底有什麼值得影？其實我很清楚答案：記錄而已——一種對自己所愛的事物做歷史紀錄。只是青春期一個毫無自信的少男，慣常用他人的角度自我質疑。同學M不只對巴士毫無認識，更對攝影和基本構圖一無所知……但我依然感謝他，他沒有問我為何要影這些巴士，也沒有同學在當日知道我是交通迷。

但是，我內置人肉地圖的絕技很快被同學發現，每個星期六、日就會收到同學來電，查詢地鐵輕鐵巴士路線，還有港九新界迷路拯救（你哋應該直接約我出街囉）。以下是電話內容：

「喂？我依家係銅鑼灣地鐵站，想去三越，但我蕩失路。」
「咁你依家位置喺邊？」
「我喺銅鑼灣地鐵站入面。」
「入面邊度？」
「我唔知。」
「跟水牌行啦？」
「唔知點睇。」
「……咁你依家前面有咩？」
「紫色。」
「後面呢？」
「紫色。」

「左右呢？」
「紫色。」

又有一次收到一個求助電話：

「喂？我依家喺旺角，想去佐敦。」
「你依家喺邊？」
「喺一條橫街入面。」
「……（即係邊？）唔緊要，你行出彌敦道，南行線見到佐敦、尖沙咀、紅磡之類嘅巴士都上得。」
「彌敦道係邊條？」
「……即係，全旺角最大嗰條街。」（沒完沒了，下刪三千字）

一個一個查詢電話使我發現：

1. 我以為每個人都對地理有極基本的認知，只是仔細程度的分別，原來是錯誤的。

2. 一直以為有指示牌／路牌／地圖，就可以使所有人找到路徑，原來有些人缺乏定位能力，也無法從平面的地圖想像立體，以致無法在地圖找到自己位置和目的地，更遑論找到路線。

3. 清晰說出求助內容，正確說出附近值得參考的地理特徵，對某些人來說並不容易。

是自我尋覓的過程。

原來我是被祝福的一個，同時也被咒詛。我幾乎不會迷路，但除了被問路時，交通迷的身分就是怪物。事實上，交通迷在街上每每有怪異行爲，打扮也不入時，加上網絡和影視世界的渲染，「巴膠」、「鐵膠」污名不脛而走，使我在青春期的心理拉扯甚多。幸也不幸，自己興趣也廣，喜歡流行音樂、百貨公司、旅遊、港產片，還有藝術，交通迷身分得以淡化，與自己的所愛愈走愈遠。從來只暗自追看巴士新聞，儲些交通模型，幾乎從來未交過一個交通迷朋友。

直至2021年，藝術家白雙全把我拉回交通世界。我們在「藝術有SENse」計劃中與一些巴士迷朋友會面，最初自覺是以創作人角色參與計劃。在會議室，坐在社工和巴士迷朋友之間，我才知道自己更需要成爲「翻譯員」。

「嗰次坐豬上山頂牛河，即刻落返山坐681去影大隧梯。」二十三個字之間，不是巴士迷的你，明白多少？

坊間有不少巴士、飛機、渡輪、鐵路相關書籍，但研究和記錄交通迷的人很少。然而，寫交通迷並不容易。首先，「交通」二字本質非常廣泛：海陸空都有「交通」，若要全部囊括，恐怕寫到2046。於是，我暫把範圍訂在陸上交通，涵蓋巴士和鐵路，也講述愛好者各自用什麼角度、行爲來投入；愛好者的投入又如何使整條產業鏈出現；也嘗試跳出交通迷身分，從心理分析行爲，追蹤交通迷的刻板印象如何在街上，以至影視及流行文化中塑造出來。另外，我訪問了數十位交通迷，也親身加入追鐵路、追巴士、出席活動、儲模型，甚至購買退役巴士，組成了這一本書。感謝所有在過程中受訪、協助我的朋友們。

也感謝讀者們，願意理解交通迷的世界。

同學M拍下的48X非空調巴士

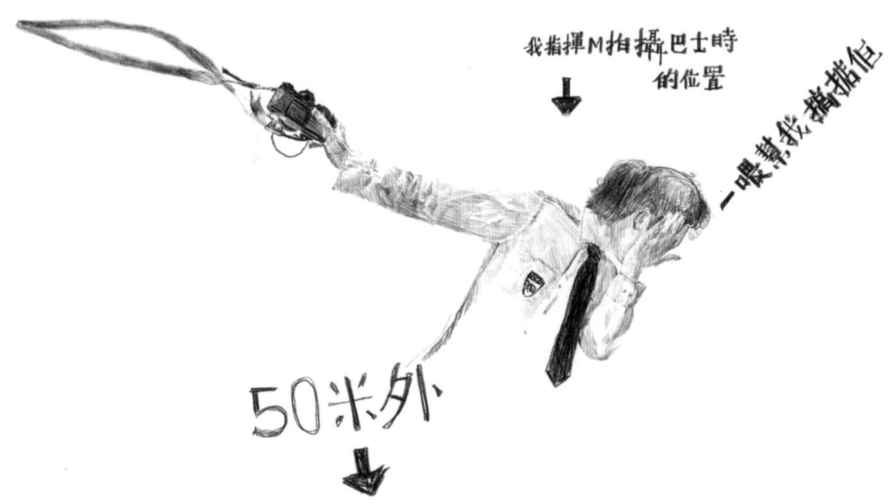

我離遠指揮同學拍照

導讀

導

關於「迷」的想像

美國有一位洗衣機迷Jon Charles，在家中的地窖收藏了數十部洗衣機。這些洗衣機型號各異，有的滾筒垂直，利用中間一支上下擢動的圓棒擾動水流，旁邊還像咖啡壺般，有圓形玻璃門，能看着衣物滾動；也有的樣子平實，但運轉起來非常「暴力」的橫向滾筒；有些洗衣機的表板像角子老虎機或太空船，有很多複雜的閃燈。

自1987年起，Charles的家慢慢成為了洗衣機迷的聖地，很多同好帶着興奮的心情，以及一籃穢衣來玩洗衣機。這個洗衣機迷會漸漸召集了世界各地，包括美國、俄羅斯、澳洲等三千多個洗衣機迷前來朝聖。他們在地窖洗衣乾衣、研究、交流，而Charles會調酒，跟大家談天說地，滿口是機器的牌子和型號；也有人懶理其他人，席地而坐，專注透過洗衣機的玻璃門看着衣物旋轉：I like the drama of spin, for me it's dramatic。

「迷」是我一直很有興趣的課題。

我們將醉心於某一事物的人稱為「迷」，常見的有球迷、歌迷、影迷、交通迷，較小眾的也有洗衣機迷、多士爐迷、升降機迷——他們興趣各異，但能成為「迷」，自有其相近之處。在了解巴士迷和鐵路迷時，我的伸延想像與問題是：

1.正常與不正常——迷什麼會被覺得是奇怪的異類？

每個人都有喜好，但不一定被大眾接受。大眾認為「迷」什麼該被接納，什麼不行？

一個有趣現象：若有人非常喜歡吃雲吞麵，我們只會說「他喜歡吃雲吞麵」。若他對煮雲吞麵的方法，如熬湯的大地魚、蝦殼、羅漢果，調味的韭黃，餡料中的鮮蝦與豬肉的分量，還有生麵的彈性有深入研究，就是「食家」或「老饕」了——很少有人會說他是「雲吞麵迷」（其實我也是雲吞麵迷！）。

「迷」一字似乎比較少用於原始慾望有關的事，即是食、性、睡覺等（可能會用「狂」）；在基本生存或生活中非最重要的，例如喜歡音樂（或是作爲受眾聽音樂）、藝術（欣賞藝術）、汽車、體育等，卻常會用上「迷」字。

對日常不起眼的事物產生興趣，常被視爲奇怪。若你愛上大家每日接觸的沒趣事物或工具就更奇怪。於是，大家認爲洗衣服是爲了衛生需要，而不可能對洗衣機的功能有興趣；鐵路、巴士，甚至飛機是讓大家通勤的工具，上班賺錢、跟朋友見面、旅遊休息才是目的。

無法理解明白爲什麼有人喜歡鐵路、巴士，甚至洗衣機。於大眾而言，交通迷的所愛是否就是不正常？

2.誰會被稱為「迷」？

要喜歡某事物到何等程度，才會被稱爲「迷」？

即使是較大眾的愛好，如樂迷、影迷、球迷，超過了哪一個程度，會被認爲是「狂迷」，比其他的「迷」更進一步？簡單而言，點先夠癲？

3.「迷」的熱情從何而來？

少數的洗衣機迷尚且會團結起來，聚在一起溝通交流，也看洗衣過程。

你的嗜好能輕易找到愛的源起嗎？有參與「同好會」組織嗎？組織會舉行什麼活動、聚會、行動？

4.「迷」是一個自稱的族羣，還是他人的標籤？

從什麼時候開始，我們會說別人是「XX 迷」？

喜歡看足球的是「球迷」，喜歡看電影的是「影迷」，喜歡巴士的是「巴士迷」，這種說法究竟是自我認同，又或是他人給予的分類？誰去給巴士迷、鐵路迷命名和定義？這些命名後來成爲標籤，常常連帶刻板印象（Stereotype），這些刻板印象從何而起？又因何形成？

5.「迷」之行為 —— 志願，專業，收藏家？

喜歡一件事的行爲有很多：喜歡籃球的，可以天天打波，上學前打波、午飯打波、放學打波，晚飯後又打波；可以在賽季期間追看NBA比賽，甚至去美國朝聖；也有人喜歡買球鞋、球衣，甚至加入炒賣。但是，喜歡籃球的人不一定喜歡打籃球，也不一定有精進球技，有些人可能只是長得高而打球，有人則以打籃球作聯誼方法。

至於交通迷會做些什麼？有希望成爲從業員，但更多是喜歡看車、坐車，又或儲模型、車票等產品。這可以是一種職業志願，也可以是業餘興趣，有人卻在經年之後成爲模型收藏家；追巴士可以是社交活動，喜歡鐵路也能愛出一盤生意。

「迷」的生活，有時比我們想像更爲豐富。

6.「迷」文化衍生的新面向？

很多球迷不會踢球，很多樂迷連結他的C Chord 也不懂按，這並不代表他們對足球和音樂一無所知。反之，他們會建立一套球迷、樂迷文化，甚至影響歌手、樂隊與球隊。

很多球隊有自己獨特的球迷文化，如球迷會創作或改編樂曲，用作歌頌和嘲諷球員，甚至對手球迷的「Chant」；球迷之間互相嗆聲，甚至產生足球流氓團體，混合民族主義、宗教及意識形態，變成更豐富複雜的文化。這些文化甚至會因球會成長，變得國際化而傳至全球。

香港交通迷未必懂得駕駛巴士，又或鐵路，但他們如何從一部車、一個站衍生出豐富的交通迷文化？

7.愛好者之間會不會有羣組之分？

有些樂迷視自己喜歡的獨立樂隊爲珍寶，尤其是在樂隊成立之初，尚未流行之時，或許有種獨具慧眼的自豪感，也藉此把自己從大衆與流行區分。當樂隊變得流行，吸納了新樂迷，又可能創立了另一套樂迷文化。Beyond 八十年代末從地下走向流行，前後兩批樂迷的音樂信念、行爲也顯然不同。

不同的取向和角度，兩批樂迷會否互相較勁？這種較勁是否又出現在交通迷羣體身上？

8. 「迷」會衍生商業行為，交通迷創造什麼產品？

很多與興趣有關的事物，都會衍生產品，然後出現炒賣。交通迷會追逐什麼產品？有什麼意想不到的物品落在交通迷身上會成爲無價寶？

雖說我們平日會劃分「巴士迷」、「鐵路迷」，但喜歡巴士的，大多也喜歡鐵路，反之亦然。嚴格而言，大部分的交通迷所關注的，是整個公共交通板塊，包括巴士、鐵路、飛機、渡輪——只是可能對其中一種交通工具特別有興趣。他們的行爲、行動、關注點也相近，甚至有些學問也相同。

在這本書中，我將基於以上八個角度，加上香港社會的發展脈絡，切入巴士迷與鐵路迷的世界。而當我回答這八個問題時，又會衍生出千百個問題……

雷生春

1

生於最頂尖的巴士城市

閱讀難度

生於最頂尖的巴士城市

若你和我一樣喜歡旅遊，該不難發現，世界各地對交通工具有截然不同的分工。美洲城市之間多以航機聯絡，歐洲則由綿密的鐵路網貫穿，而日本不論在市內通勤與城際之間都傾向鐵路，巴士只是輔助。像紐約、多倫多等大城市以地鐵和電車作爲通勤主力；至於倫敦和香港，地鐵和巴士的發展都同樣發達。

不同的交通模式，使各地交通迷有了各自的偏好，如日本擁有衆多鐵路迷，而香港和英國則培養了大批巴士迷與鐵路迷，許多人甚至是兩者皆愛。

香港巴士服務不論在車隊數量、公司規模、服務質素皆在世界前列。第一章，是巴士迷在香港的簡史，我們將探索這座「巴士城市」的巴士迷文化究竟如何誕生與發展——

「巴士迷」一詞是如何誕生？

巴士迷在香港，如何從一個名詞，變成一整套文化？

作爲全球最大的巴士車隊的所在地，香港各區因地形和與人口結構多樣，配置的巴士型號也有不同，這會否使不同社區的巴士迷對某些型號情有獨鍾？

巴士迷們對每款巴士、每條路線似乎都很瞭解，這些知識從何而來？

除了關注車輛外，巴士迷還會對什麼產生熱情？他們會喜歡指定路線，甚至負責駕駛的司機嗎？

「巴士迷」盤古開天——愛在九十年代之前

若要問在香港，誰最先有「巴士迷」這個自我身分認同，恐怕無法考證。

長者級巴士迷巴叔指出，「巴士迷」一詞源於八十年代末《車主》雜誌編輯陳自瑜先生。當時每期的《車主》必有幾頁講巴士，而那個講巴士的專欄，就稱爲「巴士迷」。作爲最早而持續出版的巴士專欄，在八十年代幾乎是普羅大衆獲得巴士資訊的唯一途徑。專欄內容圍繞不同車款，講述機件、歷史，也請巴士司機評價車輛操控，甚至在照片以外，有規格表和底盤設計圖。在資訊不流通的年代，這幾頁的專題成爲巴士愛好者的恩物。

巴叔回憶，後來《車主》刊登一則廣告，爲「香港巴士迷會」招收會員，他便成爲創會會員之一。在他認知之中，這是香港有史以來第一次有大規模的巴士迷同好組織。

作爲可能是整個巴士迷社羣中最年長的幾位之一。巴叔分享，五十年代讀小學時，社會上還未有「巴士迷」一詞，沒有人會用特定的詞語去形容這個社羣。喜歡巴士是出於自覺，他就是在上課、下課之間坐出感情——有時與同學坐巴士、傾巴士，談談機器的聲音、形狀，也會跟當時的巴士售票員講巴士經。「巴士迷會」成立之前，他不認識其他巴士迷，最多只是有幾個喜歡改裝玩具巴士的朋友，但他們只是喜歡模型車仔，不算是巴士迷。直至「巴士迷會」在九十年代成立後，一班志同道合的朋友終於走在一起。

問巴叔是否同樣喜歡其他類型的車？他坦言喜歡其他汽車的門檻太高，養不起車就難以進入那個世界；相對而言，巴士比較親切。

巴叔在天后蘋果商場內經營的玩具模型車仔店

八十年代以前，有一羣在港的英國僑民相當喜歡公共交通，爲巴士和鐵路迷的世界開天闢地。他們有些是業界人士，其中一位較多巴士迷認識的Mike Davis，後來寫過幾本關於香港巴士的英文書，是研究香港早期巴士服務的重要文獻。這班英國僑民東奔西跑，留下不少筆記和攝影紀錄。至於不在業界的巴士迷，就要在街上「抄牌」——抄下行車證中的資料，或與司機打好關係，才能得知車輛去向，例如，司機可能會透露如「我部車退咗役啦」或「轉咗廠啦」等消息。

另一方面，英國本地的巴士迷文化早在二戰後已相當成熟，巴士雜誌*BUSES*於1949年創刊，保育文化也在戰後漸趨成熟。隨着部分英國公共交通從業人員來到香港，巴士迷文化（包括鐵路文化，後文詳述）逐步傳入。某種意義上說，許多香港的交通迷文化，都與英國有着密切的淵源。

2024年，英國的書報商店內仍然有大量巴士雜誌的蹤影（Burton Lam 提供）

各自修行的興趣圈子

早年的巴士迷沒有緊密組織，也沒有論壇和社交媒體，很多時都是獨自行動。八十年代，巴士款式和廣告百花齊放，不少巴士迷追車拍攝，甚至回家照辦煮碗把巴士玩具改造成廣告巴士。

1991年，無綫電視的《星期一檔案．巴士情真》是最早期的巴士迷紀錄片，談到三個喜歡不同巴士型號和領域（諸如專攻路線、機械、模型等不同方面）的主角交淺言深，正是早年巴士迷社交圈子的寫照。其中一位受訪者George的太太無奈又帶笑地說，丈夫每晚用錄影機錄下四個電視台晚間新聞中，所有關於巴士和其他交通工具的報導。現在我們在YouTube 和社交媒體上看見的古老剪報，很多都是這些有心人的心血。

談到早期巴士迷，不得不提由巴士迷，到整個業界都稱爲「阿爺」的李日新（Edward Lyndon Rees）。李日新喜歡巴士，在五十年代已在英國參與巴士服務工作，六十年代加入港府參與公共交通事務，後來任職於中華巴士（中巴），推動了「一人控制模式」，即車長同爲售票員。1980年，他創立城巴，開辦員工接送、居民服務（即早期邨巴）、過境巴士、開篷巴士、海洋公園接駁巴士等業務，後來變成專營巴士公司。李日新當年雖爲城巴董事總經理，但基於對巴士的愛，還經常「落場」駕駛巴士。他形容巴士是用來運載人，如果你對人類有興趣，自然也會對巴士着迷。

李日新後來更成爲「巴士迷會」的名譽主席，是會員眼中的「百科全書」。

集合巴士迷的組織誕生

巴士迷界有「教父」之稱的陳自瑜，自小喜歡巴士，長大成爲了《車主》編輯。《車主》原以介紹私家車，甚至是高端跑車爲主，隨着雜誌愈做愈好，愈來愈厚，陳自瑜開始在雜誌中加入三、四頁有關巴士內容。如前述提及，香港第一個巴士迷組織「香港巴士迷會」，正是在《車主》上招募會員。

1990年11月，《華僑日報》刊登一篇特稿，記錄了當時新成立的「巴士迷會」活動，以兩部1949年的古董巴士接載巴士迷，從沙田前往粉嶺機動部隊基地遊車河。因創會委員中包含九龍巴士（九巴）、中巴、城巴、九廣鐵路（九鐵）及有豐旅運公司的內部員工（經理、行政人員、車長等），各公司之巴士、拖車及開篷車得以共襄盛舉，在活動場內展出，供巴士迷參觀；這項活動被稱爲「巴士大集會」（Bus Rally）—— 大集會源於英國巴士迷的傳統文化，一般會借用巴士公司的車廠，讓會員參觀，也會租巴士一起遊車河。

八、九十年代的香港，雖然到處是車展，但幾乎僅限於私家車；巴士狀況特殊，是由供應商巴士對公司直接銷售，根本無需舉辦展銷會。直到巴士迷會誕生，「巴士大集會」這種旨在展示巴士，而非以銷售爲目的的車展才終於誕生，並從1990至2019年幾乎無間斷地，每年舉辦一次。

香港巴士迷會十周年紀念商品：城巴丹尼士三叉戟巴士模型

除了巴士大集會，「巴士迷會」每年還有另一個重要活動：周年大會。在周年大會，會員一起吃大餐，選舉會長、理事，巴士公司還會拿出珍藏禮物抽獎。後來，會員更一起到訪中國、新加坡、英國的巴士公司和製造商。巴叔分享，他曾跟「巴士迷會」去過丹尼士（Dennis）、富豪（Volvo）的巴士工廠，從生產線見證一部巴士的誕生，也在新加坡看過巴士公司運作。這些機會，許多都來自巴士公司管理層會員的人脈。

香港早期著名交通迷，從左起：巴叔、李日新、容偉釗、陳自瑜

1992年，「巴士迷會」成立兩年後，另一個巴士迷組織「巴士迷世界」出現，老一輩巴士迷稱之爲B會（「巴士迷會」是A會）。B會由九巴公關部牽頭成立，也舉辦遊車河、參觀車廠等活動。

資深巴士迷、前油尖旺區議會交通及運輸事務委員會主席陳嘉朗，當時就在沙田新城市廣場的九巴顧客服務中心登記成爲B會會員。他形容，相比B會，A會比較像哥爾夫球會，「當時A會有很多是交通業專業人士，李日新、史篤頓（九巴訓練學校校長）……他們都是英國來港的巴士迷，有點像他們的聯誼會。這在英國非常自然，一班人來港在不同運輸機構工作，敬業樂業，也迷上了交通。」

B會起初則以九巴職員與幾位中學生作爲幹事，相對接近年輕一代。B會會員每月收到一份《巴士之訊》（*Bus Focus*）—— 這是香港第一份巴士雜誌。在互聯網流行前的年代，每月能得到一份關於巴士的最新路線、車務、車輛資訊，也有訪問、專欄，甚至講解機械與運輸原理，是相當豐富的資料。

由於A、B兩會皆是巴士公司有關人士牽頭成立，要向公司借車辦活動，或向官方提取巴士的消息與數據，自然比較準確；反過來說，兩會的立場亦更傾向巴士公司，與學生、大衆等巴士迷有點距離。隨後成立的「都市巴士迷俱樂部」（C會），就提供了相對獨立、持平的聲音。

同時期，另一位香港巴士迷傳奇人物劉銘泉先生（人稱必達劉，巴士民間保育第一人）還成立了「必達巴士消閒天地」。經營巴士買賣生意的劉先生，不但收藏（部分不捨得轉售的）巴士，也會從需要拆解的巴士中，取出零件，如攪牌機、波棍等，以合理價錢轉售巴士迷。「必達巴士消閒天地」誕生後，他利用擁有的退役巴士舉辦活動，並祭出與巴士拍照、接觸等獎勵，招募巴士迷到必達巴士車場協助清潔。

除了上述的團體，及後還有「世界交通之友」等組織出現。巴士迷會紛紛成立的九十年代，可以理解成第一個斷代——巴士愛好者從零散中至集合，「巴士迷」這一稱號，也從此時開始。

巴士資訊流變——從辦報、論壇到自媒體

自八十年代開始的三十年，人類通訊開始有翻天覆地的變化。

八十年代末，只有較富有的一羣人有手提電話（水壺），部分上班族有傳呼機；九十年代，報紙幾乎每星期都有各廠牌電腦的展銷會，至九十年代中後期，愈來愈多人使用BBS（電子佈告欄系統），乃至後來出現的論壇、討論區，還有Geocities（地球村）的網頁託管服務，因而出現了不少個人網頁、部落格（Blog）等；2000年代中後期，社交媒體 Facebook 和影片平台YouTube等陸續出現。

九十年代之初，資訊爆炸之前

我在一家讀書壓力很大的小學成長，特別期待星期六、日，跟家人在沙田市中心逛街。在九十年代的沙田新城市廣場，我有幾個指定活動——在八佰伴看Tomy 車仔、看魔術和門口的燒餅機，在陽光一代看師傅轉Pizza，在一樓的九巴顧客服務中心看巴士模型，有時候可以拿乘客通告或單張，當然也會在火車站拿《東鐵傳真》。之後，往商務印書館打書釘，經二樓進入門口後轉左，穿過文具部，後面其中一個書架最高的一層有幾本巴士書。偶然，《沙田星報》有一些交通新聞，如改道、建議、投訴——這是一個九十年代小學交通迷所能獲得最整全的交通資訊。

話雖如此，相比一些交通迷前輩，我還是覺得自己幸福。他們爲了了解巴士的運作，每天在街上影巴士、抄行車證、跟車長交朋友，以打聽內部資訊。若你的興趣是專利巴士還好，旅遊巴或非專利巴士間中違泊，巴士迷「抄牌」時，常被司機誤會舉報違例而起衝突。

若交通迷或他們的家人在公共交通機構工作，除了近水流台知道最新消息、從工作場所得到內部資訊，也能定時取閱員工刊物，如《九巴雙月刊》、《九巴月刊》，也能在刊物的勞資會議紀錄中，了解專有名稱、術語，以至車隊管理等內容，掌握比別人更多的資訊。

至於其他交通迷，只能做剪報、錄新聞，或閱讀交通機構偶然出版的刊物，直到各交通迷組織成立，有限度的資訊流出成爲公關方法，公共交通運作資訊才能稍稍透明。以九巴的員工刊物《九巴月刊》爲例（該刊於1992年更名爲《今日九巴》），因應外部讀者額外發行了「贈閱版」，該版本在中學圖書館也能找到。

巴士迷組織之間，雖無競爭關係，但在互聯網前的年代，能在會刊中提供最新的巴士資訊，就是組織的資本。另一方面，巴士迷若要得到各公司最快的一手資訊，就需要同時加入多幾個組織。「巴士迷世界」與九巴密切，會訊《巴士之訊》的九巴資訊自然豐富，連車隊列表（Fleet list）也可在公司拿出來；「都市巴士迷俱樂部」的幹事則與城巴職員關係密切，《都市巴士誌》獲得的城巴資訊最快。這些刊物最初是以A4紙張製作，黑白影印，用騎馬釘釘裝。如今，這些組織刊物全已停刊，堅持到最後的《巴士之訊》，在2010年代末只餘下網上版本。會刊和香港其他傳媒的紙本刊物沒落原因相同，無非是互聯網發展的影響。

巴士迷世界的會刊《巴士之訊》，當時仍是黑白簡單裝訂

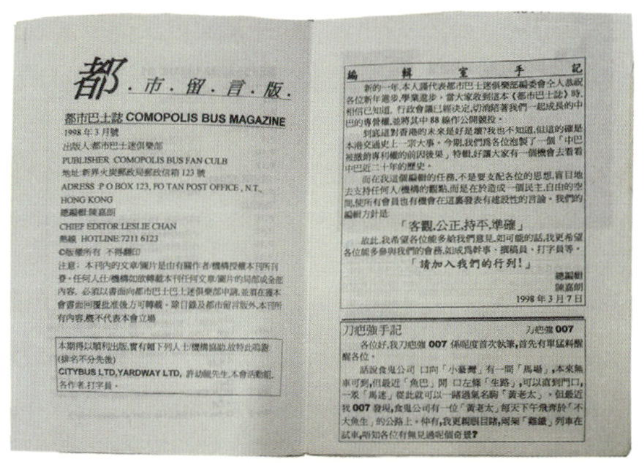

都.市.留.言.版.

都市巴士誌 COMOPOLIS BUS MAGAZINE

1998年3月號

出版人:都市巴士迷俱樂部

PUBLISHER: COMOPOLIS BUS FAN CULB

地址:新界火炭郵政局郵政信箱123號

ADRESS: P.O BOX 123, FO TAN POST OFFICE, N.T.、

HONG KONG

總編輯:陳嘉朗

CHIEF EDITOR:LESLIE CHAN

熱線 HOTLINE:7211 6123

©版權所有 不得翻印

注意：本刊內的文章/圖片是由有關作者/機構授權本刊所刊登。任何人仕/機構如欲轉載本刊任何文章/圖片的局部或全部內容，必須以書面向都市巴士巴士迷俱樂部申請，並須在獲本會書面回覆批准後方可轉載。除目錄及都市留言版外，本刊所有內容，概不代表本會立場

本期得以順利出版，實有賴下列人士/機構協助，故特此鳴謝(排名不分先後)
CITYBUS LTD,YARDWAY LTD, 許幼龍先生，本會活動組，各作者，打字員。

編　輯　室　手　記

新的一年，本人謹代表都市巴士迷俱樂部編委會仝人敬祝各位新年進步，學業進步。當大家收到這本《都市巴士誌》時，相信已知道，行政會議已經決定，切消陪著我們一起成長的中巴的專營權，並將其中88條作公開競投。

到底這對香港的未來是好是壞？我也不知道，但這的確是本港交通史上一宗大事。今期，我們為各位泡製了一個「中巴被撤銷專利權的前因後果」特輯，好讓大家有一個機會去看看中巴近二十年的歷史。

而在我這個編輯的任務，不是要支配各位的思想，盲目地去支持任何人/機構的觀點，而是在於造成一個民主，自由的空間，使所有會員也有機會在這裏發表有建設性的言論。我們的編輯方針是：

「客觀，公正，持平，準確」

故此，我希望各位能多給我們意見，如可能的話，我更希望各位能多參與我們的會務，如成為幹事、撰稿員、打字員等。

「請加入我們的行列！」

總編輯
陳嘉朗
1998年3月7日

刀疤強手記　刀疤強 007

各位好，我刀疤強 007 係呢度首次執筆，首先有單猛料醒醒各位。

話說食鬼公司 口向「小藝舞」有一間「馬場」，本來無車可到，但最近「魚巴」開 口左條「生路」，可以直到門口，一眾「馬迷」從此就可以一睹過氣名駒「黃老太」。但最近我 007 發現，食鬼公司有一位「黃老太」每天下午飛奔於「不大魚生」的公路上。仲有，我更親眼目睹，兩架「雞鐵」列車在試車，唔知各位有無見過呢個奇景？

都市巴士俱樂部會刊《都市巴士誌》

網頁、論壇的流行，不再封閉的資訊

刊物之外，八、九十年代關於巴士的經典紙本紀錄還包括Mike Davis的幾本英文香港巴士書；九十年代末，陳自瑜、容偉釗開始推出《香港巴士年鑑》、《香港巴士資料集》等，這是香港最早期的中文交通書籍—— 也就是我小時候到商務打過書釘的幾本。

九十年代同時是公共巴士發展的黃金時期。1990年，古老的丹拿E型（Daimler E）巴士還在行駛，1997年雙層空調低地台巴士已經出現；不同交通樞紐，如城門隧道、將軍澳隧道、大老山隧道、西區海底隧道、青馬大橋、三號幹線都在這十年出現；機場從九龍城搬到赤鱲角，大嶼山巴士不再遙不可及；中巴變成新巴——每年都有講之不盡的話題。

《香港巴士年鑑》（下稱《年鑑》）從1997年出版至2005年，主要回顧上一年的巴士新聞；2005至2010年停刊五年，2010年新尚線出版社和 JR Team 出版了《香港巴士回顧2009》及《香港交通年鑑2009》。2011年起，《年鑑》再度出版，但開始滲入與巴士無關的內容，如「趕上國家高鐵專列」、「我登上了『遼寧號』航空母艦」。

進入2010年代後，網絡資訊已豐，紙本書籍逐漸失去作爲資訊來源的重要地位。2000年前後，資訊的多樣性達到前所未有的程度，巴士迷自行製作個人網頁，存放相片、文章、最新消息、評論等，同時「香港巴士論壇」、「HKBDB」、「HKitalk」等論壇也相繼出現。巴士迷的交流不再依賴組織，變得更加多元開放，同時出現更多紛爭。

無異於其他2000年代初的論壇，交通論壇也劃分爲多個子版面，各自由「壇主」管理，協助論壇杜絕離題、廣告宣傳、暴力色情、粗言穢語，使論壇在板規下運作。但「壇主」擁有演繹板規的權力，甚至能架床疊屋訂立新規，儼然象徵某種權威地位（同時代，反其道而行主張低度管理的「高登討論區」，正式在這樣的氛圍下得以一枝獨秀）。

2010年代，網頁「香港巴士大典」出現，加上社交媒體興起，論壇愈趨沒落。值得注意的是，在2010年代末，年輕一代都傾向使用Instagram，而Facebook則成爲世代之間的分水嶺——長輩或擁有帳戶，年輕人社交圈子中不多人使用Facebook，漸漸成爲兩個世代的鴻溝。然而，對交通迷而言，Facebook始終便於經營社羣，不同世代的交通迷總在Facebook中聚首，算是社交媒體中的特例。

進入2020年代，要獲得巴士資訊易如反掌。只需打開社交媒體中的相關羣組，今日有什麼特別派車、交通意外、舊車退役、新車登場等資訊都能迅速掌握，大堆照片如山洪暴發般湧來。然而，資訊氾濫又成爲新的問題。

當社交媒體取代了論壇和一衆巴士迷會的角色，巴士迷與巴士公司的交流方式也隨之變化。巴士公司開始更主動地舉辦與主導活動，不再依賴其他組織，直接與巴士迷建立聯繫。2022至2023年，新巴、城巴合併時，巴士公司就舉辦大量公關活動，例如派發紀念品、把巴士重新漆上新巴經典「波浪」塗裝，甚至推出開篷巴士限定路線；2023年，九巴慶祝九十周年時，也多次開放車廠予公衆參觀，並在車廠舉行嘉年華 。

追車如是、追星如是，甚或其他所有興趣如是，零散時期望組織；組織跟不上時代的步伐，就各自在互聯網討論；當討論區失效，網絡去中心化，大家就投向社交媒體。巴士迷組織的誕生與衰落，其實就是公民社會、互聯網、社交媒體的故事。

社區與時代對巴士迷的塑造

一種巴士型號在香港的服務時間大約二十年左右，剛好與一個人的成長時期重疊，而每個人對自己成長期的景物總有眷戀。

香港面積雖小，但地理形勢獨特，還得考慮車廠管理、車隊調配等問題，因此每個社區所用巴士不盡相同。如經過只有四米高的古蹟「渣甸橋」（加列山道天橋）下，只能用「矮車」的港島15線（中環碼頭－山頂）；客量大但路面淺窄，只能使用單層巴士提供頻密服務的九巴211線（翠竹花園－黃大仙站）。自然而然地，不同年代、不同社區的巴士迷會對相應型號產生偏愛。

比較泛用、適合九龍新界不同地形的利蘭奧林比安巴士

屯門少年的巴士回憶

現爲中學校長的Joe，八十年代在屯門成長。輕鐵在1988年開始第一期通車，在未有輕鐵以前，巴士是屯門最重要的交通工具。他形容有三件事，塑造了自己對巴士的熱愛：

第一，屯門車廠的建成。1979年，九巴的屯門車廠正式啟用。車廠位於建榮街，與市中心和住宅區距離不遠，甚至曾有負責裝嵌巴士的部門。Joe 和不少巴士迷一樣，只要前往屯門廠，就能看見不同型號的巴士，還有未能在街上行駛的新款式巴士，甚至能一探巴士的裝嵌技術。

第二，輕鐵專區的建立。當輕鐵落成通車後，爲免與其他交通工具造成惡性競爭，屯門、元朗區大部分區域成爲「輕鐵專區」，限制巴士與專線小巴在區內上落客，使一般屯門、元朗居民無法以巴士作區內通勤。Joe笑言，只能在離開「大西北」時乘搭巴士，曾因此痛恨輕鐵。

第三，引入平治（Mercedes-Benz）巴士。香港曾爲英國殖民地，巴士一直從英國及英聯邦購入。1983年起，九巴引入四十一部來自德國的平治O305型巴士。平治在香港人心中，一直與名貴房車劃上等號，九巴爲隆重其事，爲這四十一部巴士抹上特別塗裝。這四十一部巴士全部撥歸屯門車廠，成爲屯門、元朗一道獨特的風景。

在這個背景下，Joe自然對平治巴士情有獨鍾。與Joe的經驗不同，我在九龍和沙田長大，對平治巴士感情不深，這更像是郊遊或往屯門探親時的景物。相比之下，利蘭奧林比安（Leyland

九廣鐵路巴士只在新界西北及東鐵沿線地方行走，亦爲巴士在特定社區中的一道風景

Olympian）、丹尼士巨龍（Dennis Dragon）和都城嘉慕（MCW Metrobus）等1980至2000年代的市區主力，自是我最關注，也是最有親切感的車款。港島的中巴雖也喜歡，但總帶着一點獵奇感與距離感。

逐漸減少的時代特徵

當年，在港島行駛的中巴，與主要在九龍、新界行駛的九巴之間有一種暗自較勁，因着地理形勢和需求，除了巴士型號有所不同，同型號的車款也可能採用不同名字。例如，九巴的丹尼士巨龍（Dragon），中巴稱爲禿鷹（Condor），這使得港島與九龍、新界的巴士迷，對相同型號會有不同稱呼。至於一些區域獨有的型號，例如，中巴的佳牌阿拉伯五型（Guy Arab MkV），往往吸引對岸的巴士迷渡海追車。大嶼山巴士更因陡峭的地勢，有自己的一套買車和用車策略。

（前）九巴稱之爲丹尼斯巨龍；中巴則稱爲丹尼斯禿鷹

巴士公司之間的差異還延伸至「樣辦車」。由於香港市場大，又富挑戰性，七、八十年代，不少車廠視其爲試驗場，把新產品的「樣辦車」運予兩間巴士公司進行實驗、測試。性能良好的產品，巴士公司會大量購入（但樣辦車與後來量產車的外形有時未必相同）；而表現不佳、未獲垂青的巴士，廠方也未必運回英國。於是，有些樣辦車留在香港，成爲全港甚至全球極少量的存在。這些形態奇特的巴士，被早期巴士迷稱爲「怪獸」，如中巴的利蘭泰坦B15（Leyland Titan B15）、艾莎富豪B55（Volvo Ailsa B55）、丹尼士統治者（Dennis Dominator）10.1米等，就被列爲「中巴八大禽獸」；九巴則有勝利J型（Victory J）、八十年代的富豪B10MD（Volvo B10M）等。

2000年代後，隨着汽車工業進步和成本效益，各間巴士公司購車策略趨向一致——巴士型號愈趨相近，而且來來去去集中購入幾款巴士，以減輕維修和訓練成本，區域特色漸漸減退。

另外，有些巴士，例如萊特日蝕雙子星型（Wright Eclipse Gemini）第一和第二代的外觀非常相似。這兩款巴士從2004到2018年間一直投入服務，若以一款巴士服務年期約二十年計算，也就是預計從2004至2035年的三十一年間，這些外觀相似的巴士都會在城市行駛，讓城市的景觀愈見單一。

當地域以至時代的差異被消滅，不少年長一輩的巴士迷失去了追車的志趣，而年輕一代要分辨這些近似的車款，除了愈來愈細心，觀察力也要愈來愈強。

巴士迷的基本學問

對於「巴士迷」這個羣體，認識不同的巴士型號是基本功，熟悉車隊更是不可或缺的技能。巴士公司擁有的車隊若何，每款巴士大致的長度、專長、優點與缺點；車隊編號、花名都要熟稔。當他們熟悉車隊的運作，就能比大眾更敏感於一些特別的安排，甚至有一套話語的方法，成爲羣體之間特有的溝通。

巴士迷的興趣

當有巴士迷面露驚訝的表情說「有部ATE行211！」這是指有一部丹尼士 Enviro 500 12米雙層巴士（車隊編號：ATE）行走一條因路況而不能使用雙層巴士的211線，這種情況被稱爲「特別所見」，簡稱「特見」，是可遇不可求的場面，而僅僅透過這幾個字，就傳達了深邃的意涵。

有時候，若遇上交通事故或公眾活動需要改道時，巴士迷會拍照記錄平日不應出現在某條街的巴士，這也是「特見」之一。一些全港（甚至全世界）只有一至兩部、擁有特別塗裝，或長年壞車泊廠的明星級巴士，因偶然才在街上行駛（巴士迷戲稱「廠長」），也是被重點追蹤的對象。

有一種巴士迷相當熟悉各條巴士路線，俗稱「人肉GPS」、「迷路鬼見愁」。他們相對上比較貼近社區，留意市民的乘車習慣。除了記得路線，他們也會自行創作和想像路線，在論壇上建議，甚至在區議會中提出。雖然有些路線過於天馬行空，但其中不乏實用建議。2000年代末，有些曾在巴士論壇被建議的路線改動，最後真的落實。無論這項變動是否真的參考了巴士迷建議，也可看見他們的想法相當貼地。

此外，有一種巴士迷會在車上「數客」——從總站上車，在總站下車，坐完整條巴士路線，留下下列紀錄：

104 堅尼地城－白田

1420 堅尼地城 上2 落0
1423 士美菲路 上1 落0
……
1515 海底隧道 上5 落31
……
1600 白田總站 上0 落8

他們全程記錄所有車站的上、落客人數，以計算客量，掌握路線需求，而這其實是巴士公司最原始的統計辦法。

巴迷座頭市——以聲音判斷路線

在一些巴士迷眼中，車輛是需要仔細鑽研的機械研究，精通於引擎、波箱、車輛結構是必需，憑聲音就能聽出型號是基本功，更厲害者甚至可憑聲音聽出巴士潛在的毛病。

這裏有一個例子：巴迷座頭市[1]——失明巴士迷Max的故事。

Max 從小學五、六年級開始喜歡巴士，和大部分車迷一樣，一切源於視覺。Max最喜歡的是單門版本的丹尼士三叉戟（Dennis Trident），退役前多數行駛機場、東涌路線。

「我住在藍田，當年E22（藍田北－航天城）就用上單門三叉戟。這部車有11米，但只有車頭的一道門，看起來好長。我會特意挑這部單門巴士來坐。」

兩年後，升讀初中的Max漸漸失明，無法繼續如一般巴士迷般欣賞巴士外形，或坐在車上欣賞沿路風景。「最後一部看到的巴士，應該是MMC（亞歷山大丹尼士Enviro 500MMC，2012年新車），Facelift版本（2015）已經很模糊。看不到是有遺憾，新車不停地出產，我只能去總站摸，或者買部巴士模型來摸。」

他的整個感官從視覺轉移至觸覺、聽覺，喜好也從巴士外形內延至感受底盤、引擎、機械，甚至司機駕駛的習慣、巴士的避震，以至了解各種聲音。「現在巴士外形都一樣，很難有以前Neoplan Centroliner般有『哇！呢部巴士很特別！』的感覺。」

實際上，不只巴士的外形，千禧年代後隨着非空調巴士和初代白色冷氣巴士退役，連引擎的聲音也趨向近似。畢竟，巴士公司近年在不同型號的巴士上使用近似的引擎，節省維修成本，機器的聲音自然相近。

1 日語座頭市，香港翻譯爲盲劍客，是系列電影的主角，在 1962 至 1989 年由勝新太郎飾演；2003 年，北野武自導自演。

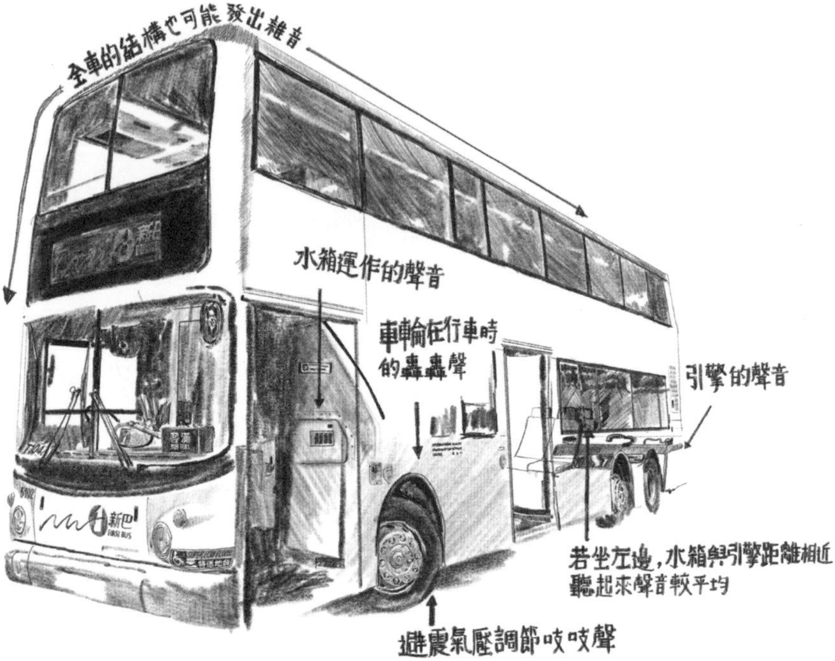

影響巴士聲音的部件

打個比喻，過去聽巴士聲，像分辨不同樂器；現在則是分辨不同廠牌的鋼琴，難度是天壤之別。九十年代，我讀小學時，很輕易就憑聲音分辨各種型號：勝利二型（Victory Mark 2）聲音粗獷、珍寶巴士（Daimler Fleetline）像牛叫、都城嘉慕粗獷之餘，指揮燈的嘟嘟聲非常響亮。這些獨特的聲音都構成了記憶中很重要的一部分。

後來有一天，我跟Max經過灣仔莊士敦道，街上人多車多。Max突然問我：「風筒？」乍聽之下，我才發現剛經過眼前的這部Enviro 500 MMC的聲音有點像風筒。

「23號。」Max淡然說。聽出車款、分辨不同時期的版本，然後推斷巴士路線，這是我小時候也擁有的能力，只是現在的引擎聲分別太少，難度太高。看着Max估路線，就像八十年代劇集《千王之王》（1980），「南神眼」謝賢失明後仍能聽骰一樣。然而，就算莊士敦道路線繁多，街上人來人往，人聲車聲混雜，Max也常能估中。

他從機件的聲音聽出巴士的結構與問題。他因着失去視力，其他感官放得很大，巴士的擺動、起動與煞車、避震是否適合香港、行駛的軌跡、司機駕駛技術等，都能從身體各個部分接收。有些輕微的「推頭」、「甩尾」、「推背感」，他都能感覺，於是憑着這些資訊，就能估計剛剛經過的巴士行駛什麼路線。

一個熟悉機械的巴士迷，感官原來是這樣靈敏。

車長迷——跟車與拜師

還有一種巴士迷。迷巴士之餘，也會迷上駕駛巴士的人。

這不是殊例。有一年，我班上有位學生經常逃課。有次趁她出現，我忍不住問：「你平時逃課是要去哪裏？」她道歉說睡了。「那其他時間呢？」她說買了迪士尼樂園全年門票，每天去迪士尼，不是爲了機動遊戲或什麼，而是爲了胡迪，更精準地說，是飾演胡迪背後的演員。有些人（甚至可說是一個羣體）不只喜歡作品，對匯演的演員更是迷戀至極，他們會留意他們的演出，甚至找到他們的更表，追隨到底。

在巴士迷中也有一班人，他們追隨的是車長。

較傳統的一種叫「跟車」，也就是跟着車長「遊車河」。當然，他們通常會得到司機同意，不只遊車河，也學習車輛控制、機械知識，甚至了解車務調配。八、九十年代的巴士迷，甚至了解各個巴士司機的駕駛習慣，稱他們為「師傅」，亦師亦友。有些較受歡迎的車長，甚至自設Fans page或頻道，拍攝駕駛狀況、生活點滴、駕駛技巧等。

然而，巴士迷要「跟車」，車費是最大障礙。從前監管不多的時期，很多相熟的巴士迷把「免費遊車河」當成理所當然，結果引來巴士公司禁止。此外，有巴士迷在行車期間，不斷與車長談話滋擾，影響車長和其他乘客，常引來投訴。

綜合來說，雖然巴士迷各有不同興趣取向，但不論是對路線的研究、車輛的熟悉，還是對機械細節的熱愛，這羣人多樣的追求像是一種相互補充，共同構築了巴士迷文化的深度和廣度。

事實上，巴士迷也與其他交通迷之間存在許多交集，比如追車、攝影、購買退役車保存、交通旅遊、紀念品收藏等，而這些主題也將在本書的其他章節中逐一呈現。在首章，只希望能呈現巴士迷多元的興趣。或許「喜歡巴士」這回事，遠比我們想像的豐富且充滿可能性。

2

向世界出發的鐵路迷

閱讀難度 🚃🚃

向世界出發的鐵路迷

「什麼是鐵路迷」，與「什麼是鐵路」有莫大關係。

部分軌道交通，如路面電車、纜索鐵路、吊車等是否屬於「鐵路」，本身存在爭議。

香港不大，但軌道交通種類繁多，因此我嘗試把一切軌道交通都視爲鐵路：鐵路迷、電車迷、輕鐵迷、山頂纜車迷同算是香港鐵路迷文化的一部分。

那麼，鐵路迷「迷」的方向有什麼？日本鐵路迷就把自身的專研取向分成十種：

乗り鉄——喜歡乘車的鐵路迷；
撮り鉄——喜歡鐵路攝影的鐵路迷；
時刻表鉄——迷戀鐵路時間表的鐵路迷[1]；
駅鉄——喜歡車站的鐵路迷；
車両鉄——關注車輛、車廂的鐵路迷；

音鉄——喜歡聆聽、分析和研究與鐵路和周圍環境有關「聲音」的鐵路迷；
駅弁鉄——車站便當的食家；
押し鉄——像「打Check point」般，喜歡到達不同車站，蓋上車站圖章「集郵」的鐵路迷；
模型鉄——儲模型的鐵路迷；
收集鉄——喜歡收集各種鐵路紀念品、車票、單張的鐵路迷。

每個地方的鐵路，都有自己的特色。香港沒有鐵路便當，自然不會出現本地的「駅弁鉄」。那麼，我們的鐵路迷文化有什麼範疇與取向？又會衍生什麼文化？

1 車站的時間表有很多格式和版本，有乘客閱讀的，也有站務版本。

香港鐵路迷的誕生

香港本土的鐵路資源，一直不如巴士一樣豐富，也難以跟其他國家相比。

1910年，九廣鐵路通車後，香港大部分時間只有一條鐵路。即使把1888年通車的山頂纜車、1904年通行的電車，以至短時間存在的沙頭角支線和柏架山吊車計算在內，也不過是幾條路線，幾款車而已。直至1979年，地下鐵路通車、廣九直通車恢復；1988年輕鐵啟用；九十年代以後，多條重型鐵路才陸續通車……

然而，香港鐵路迷與巴士迷的發展歷史有不少相同之處，有從英國及歐洲因工來港，把鐵路迷文化帶進的人，也有從本土作爲起點的前輩。

鐵路迷文化源自英國與歐洲。英治時代，這些有鐵路技術，或其他專業領域範疇的鐵路迷來港工作時，把技術和愛好一併遷移至香港。1986年，在九廣鐵路和地鐵的鐵路迷職員組織起來，成立了「香港鐵路會」（HKRS），由司馬文（Reinhold Zimmermann）擔任主席。香港鐵路會是香港第一個聚集鐵路迷的興趣學會。在香港鐵路會成立之前，鐵路愛好者相對獨立。當中不少會員是九鐵的員工，有時乾脆在何東樓車廠職員飯堂聚會，後來也有教師、工程師、銀行職員、從事船務工作的朋友加入。大部分會員都是英國僑民，社內主要講英語，他們在油麻地的利廣模型玩具公司和深水埗三和模型見面。他們在本地和世界拍攝火車，在會面時播放35mm幻燈片，也會交流外國的「鐵路經」、分享在外地購買的火車錄影帶。當時資訊不流通，去外國旅遊也不像今日般容易，這些幻燈片和錄影帶，就是他們的救贖。

1988年，日本富士電視台三十周年紀念，舉辦了一個「東方快車'88」活動。列車從法國里昂出發，經過西德、東德、蘇聯、中國，然後駛到香港的九龍車站（現紅磡站），作爲歐亞大陸的終點，再經船運到達日本德山下松港，再駛往東京。這是至今列車連續行駛的最長途紀錄，也是當年鐵路迷的盛事，司馬文拍下不少照片，是快車的珍貴紀錄。

早期鐵路迷與組織

現存有關香港鐵路會的資料不多，網站早已關閉，圖書館也沒有保存刊物。1998年，無綫電視新聞部製作的《星期二檔案．越過高山越過谷》拍攝他們組團到中國大陸訪尋蒸汽火車，是鐵路會較整全的活動紀錄。

在香港，蒸汽火車早在1962年被柴油火車取代，但在中國大陸，蒸汽火車至1985年才告停產。很多鐵路迷在這次旅程中，第一次看見使用中的蒸汽火車。他們站在偏遠地區的月台上，等待吐着白煙的黑色火車頭，享受聽機車（火車動力車頭）的聲音——不只引擎汽笛，還有路軌每二十五米發出的「噠噠」聲；也勤抄筆記、記錄班次，方便下次再來時，更容易掌握拍攝地點、時間等細節。「哪裏適合拍攝？」「什麼時候經過這個地方？」，還有機車操作的細節、型號的分別，也是他們的研究重點。

當時中國部分偏遠地區，仍在使用這些「古老機車」，加上偏遠路段並未實施封閉式管理，大家仍能在路軌上行走。這種在路軌之間遊走的自由，簡直是世界鐵路迷的樂園。幾年後，香港鐵路會索性租用一輛軌道車（路軌上獨立行走的小車）追車，也舉辦了車廠參觀、鐵路模型大會等活動。

1998年，「香港鐵路討論區」成立，而「香港鐵路網」等大小網頁也紛紛設立；2001年，「香港鐵路聯盟」（HKRU）成立，是另一個舉辦研討會、參觀活動，也同時擁有網上討論區的組織。正如在第一章〈生於最頂尖的巴士城市〉所述，鐵路迷與巴士迷一樣，組織在網絡崛起後，需求愈來愈少。2000年代末，互聯網發展非常成熟，很多資料、片段可以在網上找到，鐵路迷之間也愈來愈容易進行討論。

據曾活躍在香港鐵路聯盟的鐵路迷Rick所述：「HKRS在2010年前後已經沒有聚會。要知道每個月要找一個值得一講的話題，舉辦一場有意義的講座，是很難的事。」

值得一提是，香港還有一個歷史悠久的「Permanent Way Institution」，1997年後改名爲「中國香港鐵道學會」（China Hong Kong Permanent Way Society，CHKPWS），爲鐵路從業員的學會；而香港鐵路會則是鐵路愛好者成立的無會員制興趣學會，雖同樣關注鐵路，卻一致而百慮，關注鐵路的角度迥然不同。

稀有的鐵路讀物

若鐵路迷自行鑽研香港鐵路，還有什麼參考的資料？說眞的，倒也不多，純本土的鐵路出版一直十分少。最早的本土鐵路書已經難以考據，而1970年出版，由R. L. P. Atkinson和A. K. Williams所著的*Hong Kong Tramways: A History of Hong Kong Tramways Limited and Predecessor Companies*是早期的電車書籍；若說有關重型鐵路的專書，可能已是1990年，由市政局出版、Robert J. Phillips撰寫的*Kowloon-Canton Railway (British Section): A History*——跟巴士一樣，早期出版都是英文書。

九十年代，沒有網上資訊，書局也沒有太多鐵路書。當有關巴士的書籍仍可以在中文書局中佔據五分之一個書架時，鐵路書基本上是缺席，而香港寥寥幾家英文書店，或會找到英國鐵路攝影家Colin Garratt的*World of Steam*——這本書多年來不斷再版，是坊間難得的鐵路資訊。這也印證了當年的鐵路會，爲何需要常常聚會，會員互相交換資訊，分享世界各地的鐵路片段。

在英語世界，不但早有書籍詳細講解鐵路，書店的雜誌架上必定有幾本鐵路雜誌報導最新的專題研究。香港鐵路迷沒有這個幸運，直至九十年代末，《香港電車年鑑》才開始出版，2000年代則有《鐵路系統技術入門》等香港鐵路專門書籍，繁體中文世界終於出現大衆可了解的鐵路技術資訊，例如道床結構（可理解爲路軌的地基）、空氣阻力如何影響列車形狀、供電系統結構等。

歷年以來，香港有幾份關於鐵路的刊物。《鐵路之聲》是九廣鐵路員工刊物，以報章形式出版了四十一期後，改爲雜誌形式的《策力》，內容圍繞車務運作、公司資訊。至於公衆可讀的刊物，有可於沙田站及九龍站（今紅磡站）客務中心索取《九鐵傳眞》（後稱《東鐵傳眞》），也有《輕鐵快訊》。九廣鐵路刊物在

2007年九廣鐵路與地鐵合併前，以一本《百載流芳 情繫香江》作結。另外，香港鐵路會也曾推出《Through Train直通車》和《鐵路快訊Railway Express》兩本刊物，刊登鐵路資訊、會員遊記等。

2010年代後的社交媒體年代，很多討論都在Facebook、Instagram等社交平台進行，後來「香港鐵路大典」成立；討論區同時落後，取而代之的，是多個社交媒體的專頁，如：「鐵流」、「花生検車区」、「火車未到站」、「Riders」、「香港鐵路發展研究組」等。這些專頁肩負傳遞鐵路運作資訊、新聞、政策倡議及檢討、鐵路技術教育等工作，鐵路資訊也隨着官方對鐵路迷態度轉趨開明，而變得開放。

本地鐵路的地域性

每款列車都有自己的營業範圍。例如屯馬綫的畿川崎列車（SP1900）因路軌不相通、訊號系統不同，不可能出現在將軍澳綫。居住在不同區域的鐵路迷，自然有自己的愛惡。

2020年，電影《幻愛》（周冠威導演）上映後，不少觀衆驚訝「屯門原來好靚」，其中一個原因是充滿「異地感」的輕鐵。但是，對屯門、元朗居民而言，輕鐵因條例而長期壟斷區內交通，爲居民所詬病多時。區內外的人本來就對不同交通工具，甚至不同型號車輛的好惡存在落差，這情況在電車和輕鐵尤其普遍，電車迷甚至是一個獨立的組別。正因地域性，鐵路迷對自己社區的鐵路車輛會更有感覺，而大衆也會對成長之地更有情懷。

罕有的路面電車

然而，像輕鐵與電車一類「路面電車」，在全球鐵路迷世界中一直較受忽視。它們不是典型鐵路，又絕對是鐵路一員。上世紀中葉，世界各大城市傾向使用更靈活的巴士，或是乾脆興建地鐵替代路面電車，很多城市的路面電車被拆毀，或只保留少量路段，東京市的電車就只保留一條荒川線。

過去半個世紀，「路面電車」都不在鐵路主流，常像配角出現，追隨者自然較少。香港電車一次又一次在存廢爭議中存活下來，路軌也一直建在港島核心地帶，更擁有世界唯一的全雙層電車車隊，成爲旅遊標誌，是全球路面電車中的異數。

電車在1904年落成，是香港第二個軌道交通，僅比山頂纜車年輕。然而，電車迷組織卻俟2000年代末才成立 ，如「香港電車文化保育學會」、「香港電車迷會」，比巴士及其他鐵路迷組織更遲，更在各大交通迷組織早已碎片化，變成論壇，甚至論壇也被捨棄，變爲一個個社交媒體時才出現。畢竟電車是屬於港島的，變化又不大，車迷人數自然較少。

2009年，電車迷在鑽石山荷里活廣場舉辦了「香港電車珍藏展」。香港電車文化保育學會會長謝耀漢指，現爲時代廣場的霎東街電車廠在結束運作後，曾因火警燒毀不少電車紀錄與物品，使電車考據工作十分困難。愛好者要找電車歷史，也相對艱辛。

繼1970年的*Hong Kong Tramways*和九十年代的《香港電車年鑑》後，2010年代才有更多電車相關的中文書籍出版，如李俊龍編著的《香港電車：叮囑110年》、劉銓登與謝耀漢編著的《叮叮傳奇：香港電車知趣》、謝耀漢與John Prentice合著的《由電線車說起：駛過百年的軌跡》。

電車常被遊客或旅遊業者，認爲是最有標誌性的香港交通工具，但在交通迷的板塊中，始終只是地區性路線，車款不多——以電車爲本位，稱爲電車迷的，始終是少數。

不同年代鐵路迷的追尋

鐵路迷追尋什麼？每一個鐵路迷都有自己專注的項目，同樣喜歡鐵路的人，不一定在同一方向鑽研，而是各有所長。就如本篇開首，曾提及日本鐵路迷的十個面向，這些面向又會引導各鐵路迷深研不同的東西。

鐵路運作是鐵路迷所好奇的事物。香港鐵路會常舉辦車廠及新路線參觀活動：在落馬洲支綫、馬鞍山綫未通車前，香港鐵路會會員已先睹爲快。當代鐵路與未來發展自然是大衆最關注，也最貼身的事，鐵路迷往往更關心各項鐵路政策方略，繪畫想像中的未來路線圖。

鐵路迷所了解的「路線」，和大衆有別：一般乘客所理解的「路線」，就是車站的順序：大埔墟、大學、火炭、沙田、大圍……，但鐵路迷所理解的路線，遠遠不只於此：他們會理解整條路線的路軌配置，即是了解來回線、分岔路、備用月台／路軌、側線、主路線之間的渡綫、掉頭位置，甚至預留結構、廢棄結構等。這對理解鐵路日常運作、調度或未來發展十分重要。

從前述的《星期二檔案．越過高山越過谷》中，就能看見早期鐵路迷最基本的幾個學問：透過記錄里程碑，加上秒錶計算列車速度，如一百米一個里程碑，每六秒走過一個，火車時速就剛好六十公里，而這是舊式訊號系統、藤圈的作用。

大眾眼中的將軍澳綫

鐵路迷眼中的將軍澳綫

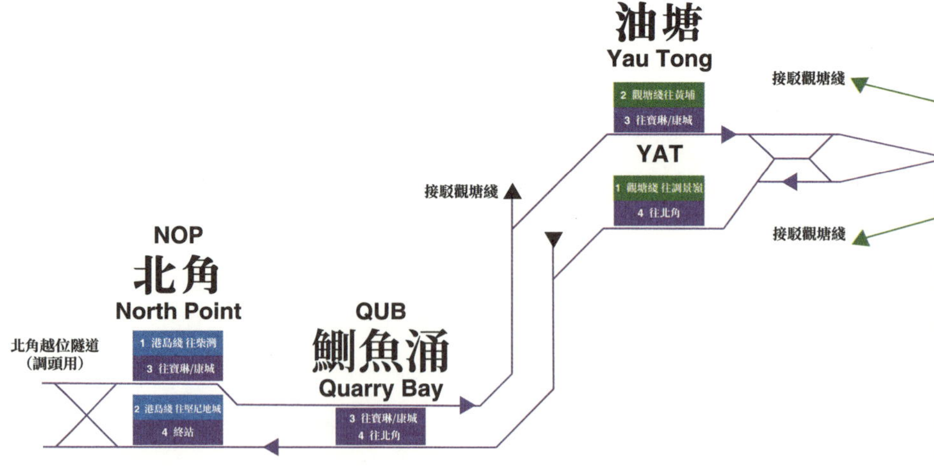

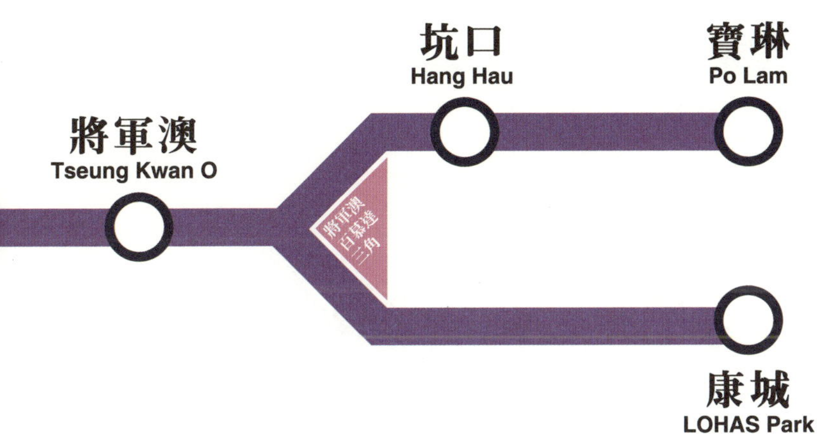
坑口
Hang Hau
寶琳
Po Lam
將軍澳
Tseung Kwan O
將軍澳
百慕達
三角
康城
LOHAS Park

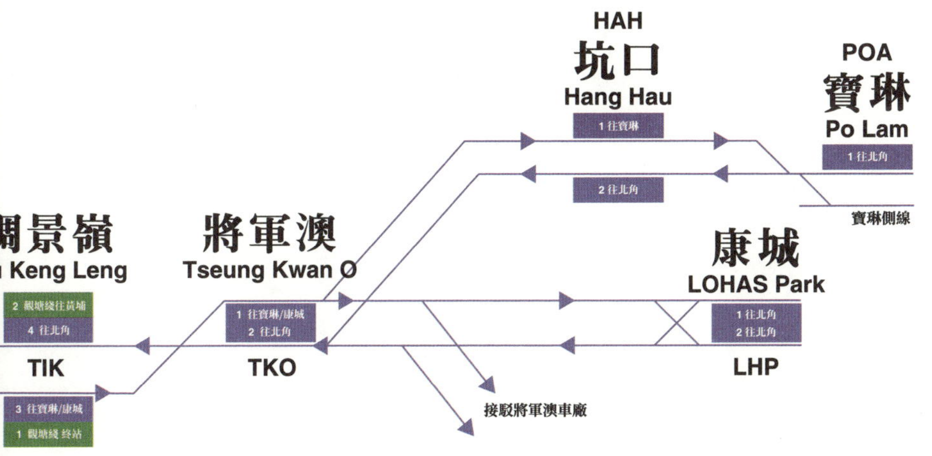
HAH
坑口
Hang Hau
1 往寶琳
2 往北角
POA
寶琳
Po Lam
1 往北角
寶琳側線
景嶺
Keng Leng
2 觀塘綫往黃埔
4 往北角
TIK
3 往寶琳/康城
1 觀塘綫 終站
將軍澳
Tseung Kwan O
1 往寶琳/康城
2 往北角
TKO
康城
LOHAS Park
1 往北角
2 往北角
LHP
接駁將軍澳車廠

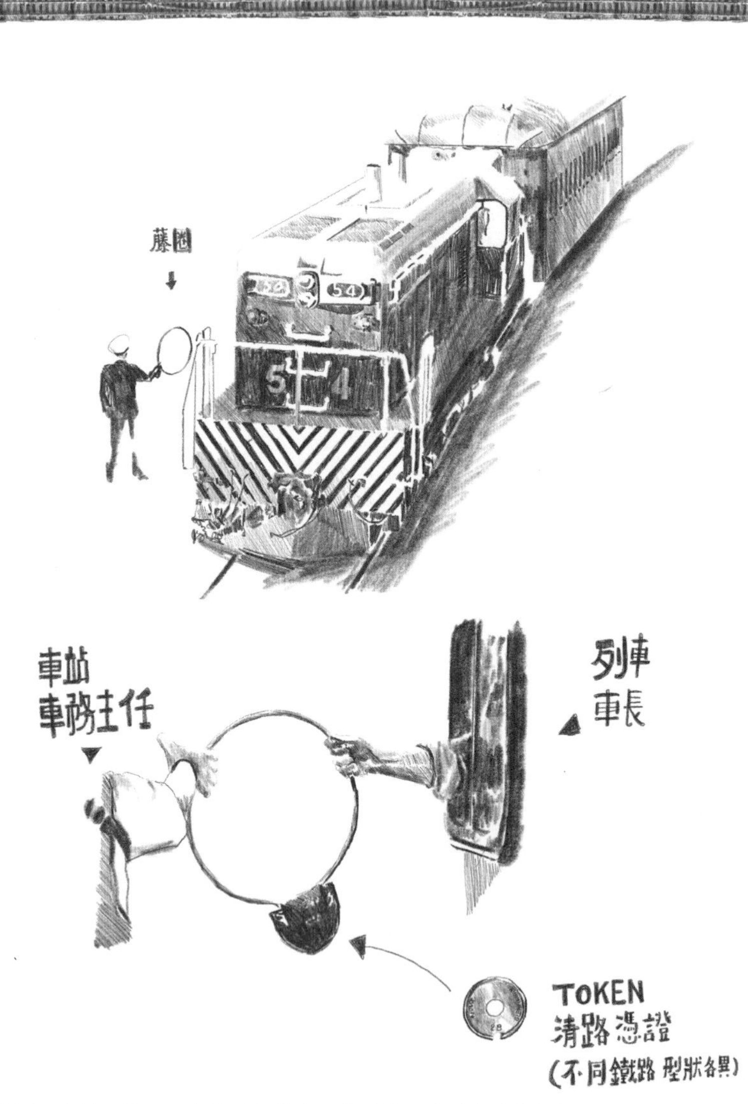

藤圈的作用：由於以往不少車站之間僅有一條路軌，車站車務主任把藤圈交給列車車長，確保路上只有一列列車行經。

鐵路迷入門動作

現在的鐵路系統中，其中一個鐵路迷入門動作是「抄車序」——平常在列車車頭看見的一組數字。每天「開工」時，控制中心會爲每一「抽」（「抽」是鐵路迷形容一列車的量詞）列車編配「車序」，以資識別。抄車序的重點是記錄哪一抽列車，在哪一條線的哪一個次序服務。例如：

將軍澳綫

01：A301-C301-B301-B801-C801-B302-C302-A302

02：A303-C303-B303-B802-C802-B304-C304-A304

「A301」是列車的第一卡，第二卡車是「C301」，如此類推。以上所記的，重點是八卡車的車頭車尾編號。透過這兩個編號，就可以推斷出中間六卡的編號。

抄車序的鐵路迷，會在一個車站守候列車。以港鐵市區路線計算，大概在站內待一小時就可以抄完整條線列車的「車序」。問題是：如何在短時間內抄下八卡車的所有車卡號碼。

這些號碼是可以推斷的，大家注視以上數列，該會找到端倪——現在香港的重型鐵路，都是電動列車（EMU列車）。在乘客體驗上，每列車卡都是差不多，但每列車卡都有各自功能，如裝上變壓器、摩打，或負責控制[1]的車卡……所以列車是以模組方式出現，不可以隨意變動，即是有邏輯可循。

1 控制器所在車卡，不一定是車頭車尾，中間也有控制器，只是沒有控制室。

車序對於鐵路迷，除了掌握車廠派車紀錄外，也是爲了方便大家拍照：港鐵曾經有列車披上全車身廣告——若有車序，就更能掌握列車什麼時間經過拍攝點。另外，有些時候因爲維修，車廠把車卡調換使用；調往其他路線支援的「異線車」，也是鐵路迷追捧的對象。

「抄車序」的通常都是年輕鐵路迷，一到考試季節，就少了人出動，資料因而變少，甚至出現純粹靠估，不可盡信的「估表」。當然，列車不是每天調動，因此「估表」也非全無根據。

另外，廣播聲音、列車聲音也是鐵路迷相當注意的項目，甚至有鐵路迷作專門紀錄。每當車站和列車有提示、報站廣播、提醒等，不少鐵路迷會把電話或錄音機舉起，貼近廣播系統，希望清晰記錄這些廣播；而他們着迷的是「可遇不可求」的特別廣播，如「緊急廣播：由於發生嚴重事故，本站將會關閉，乘客必須立即離開。所有閘機現已開啟，出閘無須使用車票或八達通卡」；或是車務故障、疏散，又或颱風時特別車務調動、更改終點站的廣播，更是鐵路迷最希望收藏的聲音。

和巴士迷一樣，車輛發出的聲音令人着迷，例如部分列車因機件問題發出「鬼叫聲」、摩打聲、加速時的「斬波器」——這些對於一般人而言的城市雜聲，皆是鐵路迷醉心的天籟之音。

除了相較機械操作、結構等「理工」的研究方向外，鐵路史研究也備受鐵路迷的重視。已經消失的「香港鐵路會」網頁，刊有會員Peter Crush的鐵路歷史論文：大清東省鐵路公司歷史；新寧鐵路歷史考據。醉心研究蒸汽火車的Peter Crush本身是公務員，不諳中文的他更要在菲律賓找《遠東時報》（*Far East Review*）的縮微膠片考證，以完成論文。

絕不只有路軌與列車

除了機械、歷史、政策外、視覺語言也是鐵路迷們注意的元素。

有規模的鐵路公司，有一套獨特的「企業識別」系統（Corporate identity），使他們的路標、宣傳品、以至通告、列車顏色等設計達成一致。一些鐵路公司的設計細節，如瑞士鐵路、倫敦地下鐵及香港地鐵，就相當吸引鐵路迷的目光。

車站建築的路徑設計相當複雜，尤其是地下車站，指示牌設計相當重要，否則容易困在地底，無法回到地面，或到達相應的出口。1982年的《香港地鐵指標規範手冊》奠定了地鐵早期的指示牌設計，設計師柯熾堅更設計了「地鐵宋」字體。「地鐵宋」以康熙字典作典範，不少寫法與其他字體不同，例如：「筲箕灣」的「筲」字，肖字的頂部不是三點，而是「小」字。兩鐵合併後，漸漸改用華康儷中宋體，或兩種宋體混合使用。

字體設計（Typography）或尋路設計（Wayfinding）本是設計學院中的學問，但不少鐵路迷或交通迷，對這些極微小的字體變化相當了解。他們會觀察及模仿，自行繪畫尋路指引或路線圖，可能比鐵路公司的內部還認真。

甚至有一羣鐵路迷喜歡把一切事物擬人化。上一代的男車主愛稱座駕做「老婆」，不少車評人也會用「靈魂」、「性格」等詞語形容機械與反應，又或用「肌肉」、「肌理」形容跑車的線條，而同一系列，但不同時代的車則用父子或爺孫形容。

公共交通也一樣，有一撮年輕巴士迷和鐵路迷有「收愛車」的文化，他們「獨佔」車輛，自詡爲「車主」：若有人收了相同的車輛或列車，會被人說成「搶」。若未經「車主」准許，收了同一部車，更會發生衝突。

本地鐵路迷的侷限與動力

一條巴士線可以有數款巴士行駛：2024年，全香港有近六百條巴士路線，有數十款長短不一、不同產地的巴士型號服務。鐵路呢？路線和車輛款式都不多，除了城際直通車和2010年代才出現的高鐵，其他都是城市通勤列車，即是大家上班下班乘坐的那種，加上資訊相對封閉，討論空間及趣味也被侷限。於是，鐵路迷向外求的慾望愈來愈大，去外國「追車」也成爲鐵路迷的旅遊方式。第七章的〈他山之石——香港交通迷在世界〉便記錄了不少鐵路旅遊者的故事。

很多國家或城市皆設有鐵路博物館，敍述本土的鐵路故事。鐵路文化深厚的日本，更有不同的專題，像是一間大學有重點不一的圖書館，如京都鐵道博物館看蒸汽火車、名古屋的磁浮鐵道館展示最新科技、琦玉鐵道博物館則是集百家大成之地。烏德勒支荷蘭鐵道博物館，更像一個主題樂園。相對而言，北美鐵路文化較薄弱，多倫多鐵路博物館就顯得失色。

至於香港鐵路博物館，礙於建築規模和地域問題，多年來藏品都沒有大變。而且，鐵路不像巴士，鐵路迷無法私人保留車卡。就算部分具歷史價值的鐵路文物無人打理，鐵路迷也無從插手。例如，曾在1910至1920年代短期服務的沙頭角鐵路洪嶺車站，廢線後幾乎一直處荒廢狀態，甚至被放置建材雜物，後來才被圍上鐵絲網保護。

主要展示最新科技的名古屋磁浮鐵道館

京都鐵路博物館內的舊式列車控制中心

琦玉鐵道博物館，綜合各種鐵路展品

京都鐵路博物館動態保存的蒸汽機車

烏德勒支荷蘭鐵道博物館，同時舉辦冬季嘉年華

多倫多鐵路博物館全景，入場前職員提醒我：「這博物館只有眼看的大小，你還要進來嗎？」

1920至1950年代服役的「313號車卡」，是香港碩果僅存的蒸汽火車車卡。九鐵本來把車卡捐贈給市政局，並安置在科學館旁邊公園展示，後來興建歷史博物館，車卡卻被放在茶果嶺路邊，成爲道友樂園。雖然後來被修復並移至香港鐵路博物館，卻被安裝冷氣、電視等設備。

原和合石支線，用作運送棺木的「棺斗」，後來被改裝成鐵路維修車，作爲戰後一段重要的香港民生見證，但仍難逃被拆毀的命運。鐵路迷只能透過倡議、評論等方式，希望政府及鐵路公司保育。

2024年，港鐵在棄用的紅磡站「直通車」月台舉辦「站見」鐵路展，展示剛退役一年的「中期翻新列車」、1999年退役後只公開展示過一次的「黃頭火車」、柴油電動機車、訊號燈、制服、車票等藏品。可見，鐵路公司內部，還有不少有心人。

有些鐵路迷擺脫這種被動的狀態，主動出擊，如有些喜歡尋幽探秘的，組團尋找沙頭角與和合石支線的遺跡，甚至訪問村民，留下口述歷史紀錄。有些鐵路迷自行研究，找到大潭篤、青洲、橫瀾島、芝麻灣等地方，有私人建造，用作煤礦、工務或短距離運輸的小型鐵路遺址，並加以記錄；甚至一些曾計劃由鐵路當局興建，最後不了了之的項目（如屯門大埔鐵路、大埔跨海大橋到達馬鞍山的支線、沙田葵涌鐵路等），被鐵路迷在歷史檔案中尋回，再公諸於世。

訪尋過去重要，現在與未來更是現實問題。不少鐵路迷追查歷史的時候，也有不少鐵路專頁都對鐵路政策非常關注，成爲壓力團體和倡議者，希望建立更完善的鐵路網絡。

不同的關注，使鐵路迷有不同的行爲，有着不同的技巧。鐵路迷縱然同樣喜歡鐵路，但絕不是鐵板一塊 —— 理工機械的取向、歷史文化的追尋……鐵路迷還有更多的取向與行爲，將在往後數個篇章詳加敘述。

SAPPORO
toyoko-inn.com
東横イン
DONKI
ANA

3

微縮的交通世界——模型的故事

閱讀難度

微縮的交通世界——模型的故事

模型玩具是一種心理投射。港產片《新難兄難弟》（1993，陳可辛、李志毅導演）中，梁朝偉這樣形容鐵路模型：「佢（爸爸）唔明呢架火車模型，唔只係玩具咁簡單。係我對將來世界嘅夢想。」

不少人自以爲對模型毫無興趣，但有時路過街上的模型店，也會兩眼不眨凝望着微縮模型——微縮模型不只是玩具，也承載了一些人的想像。

不是交通迷，爲何仍會對交通和城市模型着迷？
香港曾是世界玩具工廠，交通模型竟到工業式微的九十年代才漸漸普及？
模型除了擺放，還可以怎樣玩？
交通模型如何成爲一門事業？如何變成炒賣工具？

上帝的視角

九十年代，樓市暢旺，但沒有虛擬實境（Virtual Reality，VR）或擴增實境（Augmented Reality，AR）。除了示範單位，每個樓盤必定有一個樓盤模型，讓準買家全方位觀察樓宇外形、設計、座向，甚至附近社區發展。一個數百萬元的決定，模型擔任重要角色。

將軍澳新都城的建築模型

微縮模型不是近代的新發明。美國大都會藝術博物館收藏一個公元前200年，屬於墨西哥陶泥廟宇模型；英國V&A兒童博物館館藏不少維多利亞時代的娃娃屋和小傢俱；深水埗李鄭屋古墓，也找到東漢時代的小屋模型陪葬品。

微縮模型從來都使人着迷，就像爲我們帶來上帝的視角。

在沒有高樓與航拍的年代，能從肉眼立體且整全地觀看城市並不容易，但我們都有這種全景視覺的慾望。作家西蒙·加菲爾德（Simon Garfield）在研究微縮模型的作品《把世界裝進火柴盒——微縮的歷史》（*In Miniature: How Small Things Illuminate the World*）中，認爲模型提供的「上帝視角」，是一種無所不知的秩序感。單是觀看情景模型，就已滿足全方位窺視的慾望。

身在現實或許充滿無力感，但總可投射在一個可控制，用上帝視角自由塑造的世界。這世界由你想像和決定，那裏是住宅、車站；這裏是河流、高山；現在是那個時代，有什麼車……全部都可一手一腳建立，甚至用幻想補完。人們在逐步儲模型和構建的過程，滿足全盤控制和規劃的慾望——你是這個城市的城主，唯一的阻力就是錢和地方。

城市研究者James Jacobs曾批評城市規劃者過度迷戀建築模型和鳥瞰圖。這種由上而下的方式過於離地，把眞正在街道上的問題微縮；城市從上俯瞰很美，但不走在街上，是不會發現問題。玩模型也是在建構城市，但不需要考慮「城市人」的需要，沒人反對，也不傷害人；如果獨裁者們只喜歡玩微縮模型，世界可能更加美好？

就算一般人難以建構整個城市的模型，擁有單一的汽車和鐵路模型，可算是一幅立體的相片，足以讓交通迷興奮。尤其香港巴士款式，每十幾年就被集體淘汰，擁有一部模型也算是對時代的懷緬；把龐然巨物微縮，拿在手上把玩欣賞，也相當紓壓。

香港製造，香港缺席

很多小孩曾經把自己的家幻想爲城市，掌心的小車在家中的「大地」上行駛，看似漫無目的，但心中早就把家中的傢俬定義成不同的建築物和地貌：梳化作山、浴缸是水塘、電視是玻璃大廈——這一切都是小孩對現實城市觀察的反映。

這些小孩長大以後，想把小時候的想像爲現實。當市場沒有相關汽車和建築模型，有人動手創作，甚至慢慢將作品量產。香港公共交通模型，是從怎樣的歷史脈絡中建立出來？

沒有香港模型巴士的時代

香港交通模型文化豐富，但歷史其實不長。

香港曾是工業城市，玩具業製造業興旺，六十年代已經出產不少巴士玩具，如TUF-TOYS的巴士玩具就在香港生產。雖然包裝和車身從未提及型號，但顯然是利蘭勝利二型的仿製品。勝利二型明明主要在香港服務，玩具卻抹上倫敦巴士的全紅色，車身寫着「Britain」；也有一盒香港出產，相信是六十年代的「倫敦巴士」玩具紀念品，包裝盒卻是九巴丹拿CVG5（Daimler CVG5）巴士繪圖。

值得一提的是，港人熟悉的Tomy曾於七十年代在香港建立TOMY (Hong Kong) LTD ，負責生產Tomica車仔。這些七十年代生產，爲數不多的港製Tomica，至今在市場中已被炒至天價。Tomy旗下的鐵路模型品牌TOMIX、英國Palitoy 公司的火車模型也曾在香港生產——當然，這短暫的生產時間中，一個香港鐵路產品也沒有。

香港作爲玩具生產地，卻沒有文化意義上的本位——雖然是香港製造，但這部香港款式的巴士，也只是London Bus。少有的例子是六十年代CM Toys 的1:43香港電車模型，但也不是官方產品。

香港製造的珍寶巴士玩具

香港生產，外盒是九巴丹拿CVG5 巴士繪圖，卻標明是「倫敦巴士」（BusMe Channel 提供）

六十年代CM Toys 的1:43電車模型，香港製造。現存於伯明翰Wythall Transport Museum

八十年代的香港，已是一個國際化、擁有世界級交通網絡的城市，但卻還沒有自己的交通模型，甚至連精品鎖匙扣也不容易找尋。那時候，直接與香港扣連的交通玩具，也許只有電子地鐵燈籠、巴士燈籠、小巴玩具，手工粗糙，也沒有官方授權。

1994年，第一部量產香港巴士模型才以1:64的比例面世。此前，非量產的交通模型只能在博覽會上出現，像博物館收藏品一樣被玻璃隔着。那時候，實在難以想像九十年代以後，整個香港交通模型世界出現百花齊放的景象。

自行改裝外國玩具

市場沒有模型，交通迷會自行創作——九十年代，在菲律賓因運毒案身陷冤獄的旅行社領隊區永祥，便是我最初，也是最深刻的交通模型創作者。1991年，他替同團旅客攜帶行李過關時，與另一港人黃銓明被指販毒被捕。涉案毒品在審訊過程中不知所終，二人卻被判囚終身。在時任港督彭定康出面斡旋下，二人在1996年因證據不足釋放。

二人回港後，電視台鋪天蓋地報導，當時幾歲大的我看着電視，媽媽則在旁邊再三叮囑，旅遊時切勿幫人拿行李過關。區永祥家中有一部巨大的利蘭奧林比安巴士模型，比電視機還大——在我眼中，這巴士模型才是這則新聞的重點。

後來，巴士迷世界刊物《巴士之訊》訪問了區永祥，他提到在囚四年間總共製作了三十多部巴士模型。區永祥原本對模型製作沒有認識，只憑着記憶、簡單工具材料開始製作。後來，有記者帶了Mike Davis的*The Buses of KMB*給他，他參考了書中的圖片和資料，製作更合比例。文中提及到他創作的材料，包括作爲主結構的木板、製作窗戶的透明膠片；以舊煙盒製成座椅、紙皮做樓梯、棉花棒做扶手和車軸、黑橡筋作窗框、舊電芯的正極像輪蓋，負極作車頭燈，配以白英泥、乳膠漆、透明油塗裝，囚友也幫忙製作鋓木刀等工具。他的毅力、技藝皆高，是當年冤獄事件後，傳媒側面描寫較多的部分。

像區永祥會由零開始製作模型的，只是少數；更多早期的巴士迷，會購買外國巴士玩具模型，再塗改成香港巴士的顏色或廣告：日本Tomica的95號珍寶巴士、英國Dinky出產的阿特蘭大、Matchbox也有泰坦型巴士，還有EFE的出品，這些都是香港巴士使用的型號。雖然外形和香港使用的版本或有差異，又因技術所限，造工不如今日精細，但仍是巴士迷前輩改車的原始材料，也提供了幻想補完的空間。

很多巴士迷會用這些巴士模型，人手塗上香港特有的車身廣告。生產商也在部分巴士玩具中加上摩擦摩打（Friction motor），行車時可製造模仿引擎的聲音：雖然一點也不像真，而且每部車的聲音都一樣，但起碼有想像空間嘛。

第一部巴士與鐵路模型的誕生

藏家對模型最大的要求，自然是眞實感。但礙於成本、工業技術和目標受衆的經濟能力，不同比例的模型，要求各有不同。通常比例較大，要求更高，技術也愈精細；比例愈低，難度愈低，目標是較低消費能力，更年輕甚至非交通迷的社羣。

第一本專門講述巴士模型的小書，該是1999年出版的《香港巴士模型》。此書付梓時，第一部香港巴士模型已面世五年，但編者在字裏行間仍難掩興奮：「一直以來，不少巴士愛好者都有一個夢想就是希望一些模型生產商或官方機構去生產香港巴士模型但多年來這個夢想難以成眞。於是他們便自行製造香港款式的巴士模型……然而，這個夢想終於在1994年實現了，英國的『Corgi』公司推出全港第一款香港版雙層巴士模型，它是一部『中華巴士』的『都城嘉慕』MC1……這些模型的推出都爲不少巴士愛好者帶來無限喜悅。」

夢想成真，香港巴士的模型出現

首款香港款式的巴士模型，是中巴都城嘉慕，一共生產了五千部，並附上證書。證書背後有一段英文，記載是次生產巴士模型的緣由：慶祝香港專利巴士六十周年紀念。紙盒上印上對應型號的眞實巴士相片，這也成爲了以後巴士模型產品的基本規格。

其後第二和第三部巴士模型都是1995年的產品，分別來自九廣鐵路（K16）及九巴（31M），前者是我第一部巴士模型，售價爲一百五十元。第四部是山頂纜車觀光巴士AEC Routemaster。以上的模型全部是以1:64比例製作，而現在模型通用的1:76比例，則是在第四至五部模型之間才開始確立。這個1:76比例源於鐵路模型的OO gauge，1921年由德國鐵路模型公司Bing確立。

香港最有市場、最多款式的巴士模型都是1:76；不僅如此，其他周邊的產品，包括巴士站、樓宇場景、巴士廠，以致常見的巴士場景模型，也是依這個比例發展而成，使模型與場景兼容，可以合比例地延展開去。

全長僅15.5cm的1:76巴士模型內裝，相當仔細

三款相同型號，但不同比例的巴士模型比較，分別是1:43、1:76，以及1:120（從大至小）

九十年代的香港巴士模型幾乎都是由英國老牌生產商Corgi製作，其他公司的產品，差不多接近2000年才出現。

鐵路模型出現

至於第一部香港鐵路模型，則在1996年出現——九廣鐵路「黃頭」火車。鐵路與巴士不同，車輪需有特定軌距才能行走。和現實中的鐵路一樣，兩條鋼軌之間的距離必須與車輪一致，否則就會出軌。鐵路模型自然也需要有軌距標準：世界鐵路模型比例衆多，如較大的G Scale「花園鐵路」，是在家中後花園設置的戶外鐵路模型比例，大城市的地方較小，自然難以容納。全球最流行的則是HO及N比例，HO（Half of Original）比例爲1:87，N（Nine mm）比例則爲1:148至1:160不等。HO比例一般在歐洲流行，模型較大，也有更多空間保持模型的精細度；N佔地較少，則在日本較爲流行。

香港第一部鐵路模型是HO比例——證書上如是說的。軌距沒有錯，車身比例卻非常奇怪，顯然比1:87小。爲了生產可開關的車門，門的厚度也有點誇張。然而，以九十年代而言，這模型算是非常精細。

鐵路模型其中一個吸引之處，是連上動力後自動流轉的姿態。可是，香港的鐵路和模型公司一直只生產靜態擺放的模型，大多是HO比例，金屬車身，不具動力。至2022年爲止，香港鐵路模型歷史中，只曾出現四款官方生產的動態鐵路模型：由KATO生產的Ktt九廣通列車模型（1999）、Bachmann生產的HO比例電車模型（2011），以及ROCO兩次生產的Ktt九廣通火車頭。

由於款式少，不少香港鐵路迷，只得把對鐵路模型的情感投放在外國，尤以日本爲主；同時也衍生一些極關注日本鐵路的鐵路迷。

巴士模型——走進百花齊放的日子

小學四年級，我一如平日在家樓下等校車。那是七時二十分的早上，我排隊時蹦蹦跳跳看着街口，盼着校巴的到來——假的，我的靈魂還在床上，直至我聽見花槽那邊，出現鏗鏘的金屬撞擊聲。

原來是同學的弟弟，拿着兩部巴士模型不斷對撞。小弟弟大約兩三歲，應該是被抱下來陪兄姊等校車。他當然不知道，手上拿着的是兩部總值六百大元的模型。撞擊的聲音維持整整一年，從9月撞到6月，從完好變成殘骸。精細的部件很快被消滅，最後連玻璃都消失了。我看着心痛，但身邊不懂模型價值的同學和家長們，還有小弟弟，並不知道被毀滅的是一個昂貴的工藝品。

模型市場的百花齊放

1994年，第一部香港巴士模型正式生產，此後幾年的香港巴士模型沿用幾款相同的英國模具，只是根據不同巴士公司的品牌抹上相應顏色；而且，每年每間巴士公司推出的產品仍維持單位數。踏入2000年，模型製造商漸多，雖然質素參差，但以2009年爲例，模型生產已達三十多款。

絕大部分1:76巴士模型是限量品。九十年代的巴士模型款式雖少，但每部限量生產五千，甚至一萬架，與無限量也沒分別。不少在這年代生產的模型，變成「死貨」，二十幾年仍未能售出。

自2000年代開始，每款模型產量減至一千架左右，這數量幾乎肯定能夠售罄；若產品供過於求，才在模具上進行小改動、或更改路線編號，再推出市面。這種做法成爲往後二十年的產量基準，也由於產量有限，加上當年網絡拍賣興起，因而起了炒風。

2000年代，在之前幾乎壟斷香港巴士模型生產的Corgi 漸漸退場，取而代之的是香港模型生產商Drumwell、Best Choose、Cars workshop、創英北嶺。一時之間，市場百花齊放。而且，當時巴士型號相當豐富：大量新型低地台巴士出現、普通冷氣巴士大行其道、熱狗尚未退場，甚至較古老的前置引擎巴士也是新近的集體回憶。很多不同型號的模具，都在這時代出現。

模型製造的技術不能同日而語

九十年代的模型，會把近似形狀的巴士「張冠李戴」，例如有史以來第二部香港巴士模型——九廣鐵路的都城嘉慕巴士，就與眞車版本不同；後來，九巴在1996年推出丹拿珍寶模型，更是由外形相似的利蘭亞特蘭大所「假扮」。

最離譜的是1997年，九巴推出的丹尼士巨龍慶回歸巴士，由於當時未有相同型號的模型，竟用一部外形相去甚遠的奧林比安模具生產。打個比喻，這就像把蘋果披上橙皮，簡直是一件有諷刺意味的藝術品。這些模型沒有倒後鏡；車上的路線牌、車內的扶手桿都是印刷上去；車內的座椅是一塊單色塑膠；整部模型因爲結構所需，更有兩條眞實不存在的粗桿，從車頂到底盤貫穿整部模型，相當礙眼。

至2010年代，巴士模型製造技術突飛猛進，不但全部都有精細「內籠」，八達通機、獨立座椅、通告貼紙、扶手桿、倒後鏡是必然配備，部分引擎蓋更可掀開。

巴士以外的場景模型

絕大部分1:76巴士模型，以一個紙盒包裝，內裏附有一個膠盒，以兩顆螺絲固定模型。一盒模型，大多只有車輛在內，甚少連同其他部件或佈景銷售。2003年，九巴出了一套超級富豪奧林比安巴士模型，隨盒附有栢麗購物大道九龍公園入口模型，後來也有極少數模型會附送一個站牌、站亭或唐樓，但絕不是常態。

能與巴士一起擺放的場景一直不多。1:76模型大概長12厘米，闊4厘米，高6厘米左右，若要爲之興建場景，恐怕用上整個客廳的長度，也只能做兩、三條街。在香港，沒太多人可以在家擁有一個巴士的模型場景，只能在商場或模型店看到。

巴士用上1:76比例，衍生相同比例的道路和樓宇模型，但場景不多

有製造商製作唐樓、公共屋邨、巴士廠等，但不算普及。相對於鐵路模型會配上一個山巒起伏的場景，巴士模型大多只會放在貼牆的玻璃櫃內，甚至長埋模型盒之中，有空才拿出來觀賞。

願意花數百元購買模型的，大多是巴士迷。2000年代開始，出現了其他比例的巴士模型，擴展了巴士模型的市場，成爲一般市民或家長也會購買的玩具精品。例如，不按比例的Q版巴士、切合鐵路N Scale，最後並未在香港流行的1:150，還有塑膠搖控車、1:64玩具。另外，2010年代，主要由80M巴士專門店、Tiny（微影）和Model 1生產的1:110或1:120的巴士模型，減少車內的精細部件，價格相宜，售價大多約一百元，非交通迷當精品購買，家長也樂意當玩具買給小孩。

自製遙控巴士

高端市場也在2000年代後期發展，不少巴士迷回歸上世紀的自製模型年代，以大比例遙控貨櫃車作爲基礎，以相同的底盤技術製作不少遙控巴士。這些1:13比例的遙控巴士模型可以行駛、開燈、開門、關門、攪牌、開窗，有電視在內的，還可以播放影片。

Snail Product 的朱老闆就是從自己製造遙控巴士，建立整個遙控巴士工作室。2008年，朱老闆仍在讀書時，爲了挑戰自己，造了第一部1:13利蘭奧林比安巴士模型。朱老闆自言對首個作品不滿意，但因巴士能開門關門，也有室內燈光，竟有巴士迷向他洽購。第一單交易後，他繼續製造了多款遙控巴士模型，像眞度和模具技術不斷進步，成爲香港少有的遙控巴士專業模型創作人。

朱老闆創作的模型，大部分都圍繞1980至2000年代的車款，即是他成長年代常見的款式，從都城嘉慕、奧林比安、巨龍、平治O305，到2024年推出的勝利二型，訂單已超過二百幾部，每部售價從一萬六千幾元起；若加上難以抗拒的優質選配部件（如電動布質攪牌），每部動輒二萬多元，捧場客仍大有人在，我也是其中之一。

Snail Production 的廠房，正在大量製作遙控巴士

Snail Production 的產品

然而，這樣的獨立創作人也要面對不少問題。Snail Production一直只能做「非官方」作品，即作品上不會出現任何巴士公司標誌，不會在各巴士公司網頁或商店出售。「不是沒有跟巴士公司傾過，但他們要求我們做一連串撞擊測試；這些測試在現行技術上根本不可能通過，又有好多保險問題，根本無法解決。」

Snail Production 除了生產巴士遙控模型，也會生產一些道路交通的相關產品，例如「實時電子過海時間路牌模型」——牌上的過海時間與眞實的香港仔隧道灣仔出口H2路牌同步，推出後同樣大受歡迎。

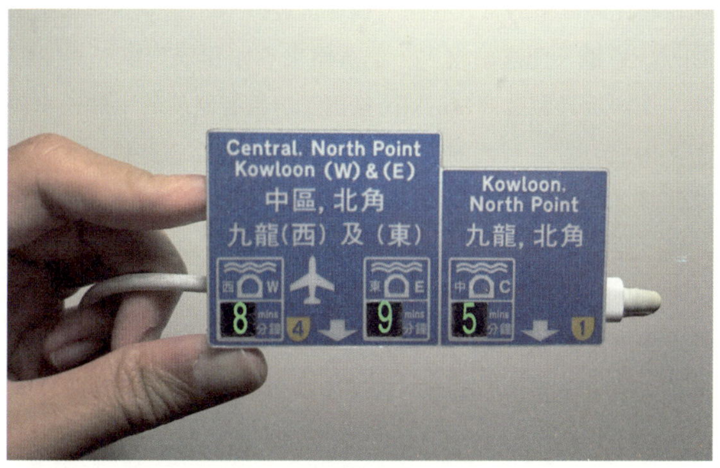

Snail Product 的實時隧道過海時間路牌模型

距離第一部香港巴士模型推出至今，剛剛三十年。這三十年間，愈來愈多香港模型生產商推出巴士模型，技術愈來愈精細，已經不是當年的模型可以媲美，也有人為了興趣，自行製造遙控巴士，配上不同的技術，闖出名堂。這段關於香港巴士的模型史，也是巴士迷從零開始的奮鬥史。畢竟由無到有、從個人創作到量產銷售、建立市場以至建立文化，實在不易。

鐵路模型——來自日本與歐洲的救贖

鐵路模型早於1840年代在英國伯明翰出現。最初是一個模仿火車頭，無路軌的玩具，嚴格來說不是「鐵路」。

首個有紀錄的鐵路模型是1859年拿破崙三世送給兒子的禮物，建在聖克盧城堡的私人花園，模型呈近似「8」字狀，有個小山谷、一道橋、一座站樓，一個蒸汽火車頭和兩列車卡。1891年，德國玩具製造商Märklin推出了一款有路軌的上鏈火車模型。1920年代，英國的鐵路公司開始製造手辦鐵路模型，作鐵路測試之用——歐洲不少鐵路公司也開始模仿，再漸漸成爲平民玩具，並於六十年代由英國和澳洲人帶來香港。

模型火車在香港落地，但沒有生根。如上所述，香港鐵路模型不多，因爲香港鐵路的車款、路線就不多。香港鐵路模型多是較大的HO Scale，且多不可動。香港鐵路迷要玩模型，只得寄情於其他國家的模型身上。與香港文化相近的日本，就是他們的救贖。

從喜歡巴士，至進入鐵路模型的世界

香港鐵路模型界其中一位資深人物「名鐵哥」，剛好是我中學做兼職時的同事。我在2006年認識他時，他是收藏巴士模型的巴士迷，我們在公司閒來就一起講車經。在我辭職上大學時，他說他要「退坑」，把一部當時炒得很貴的巴士模型，用友情價賣給我，說他最近轉玩鐵路模型了。然後，十五年不見，我們再次見面時，他在網絡世界建立了「名鐵哥」這個稱號，每星期與鐵路迷分享日本鐵路模型資訊，但他好像沒有眞的從巴士中「退坑」，訪問中仍覺他對巴士相當熟悉。

中學時，名鐵哥自覺不會控制賽車遊戲，直至遇上了PlayStation的《電車GO！》。《電車GO！》是一個駕駛日本鐵路的遊戲，不同集數收錄了各地方的鐵路——名鐵哥第一次玩的，就是「名古屋鐵道編」。《電車GO！》遊戲盒中有一本小書，介紹鐵路的背景、路線、車種等，名鐵哥由此進入了鐵路世界；這個偶遇，也成爲了「名鐵哥」的由來。

銅鑼灣的三越、尖沙咀星光行的偉利是不少日本鐵路模型迷的起步點。歐洲和HO比例鐵路則可在沙田連城廣場的模型店、深水埗的三和玩具、油麻地的利廣模型等找到。在資訊不發達的年代，鐵路模型資訊往往依賴人傳人，甚至偶遇經過鐵路模型店，這道大門才得以開啟。

小時候家人曾在連城廣場買了一盒Märklin的HO比例鐵路模型給我，那是九十年代中，價錢是二千一百八十元——對小康之家而言，這實在相當奢侈。至於我爲何會進入這度奢侈大門，也是從一次逛街偶遇模型店開始，然後一次一次有意地經過，隔着櫥窗張望、觀察，然後是「扭計」……

說回名鐵哥，把他在電子遊戲虛擬世界帶進實體模型的，是在Yahoo拍賣網的二手商品。後來，他在台灣鐵路討論區的介紹下，才知道即將結業的銅鑼灣三越有一家鐵路模型店，再發現星光行的偉利。「偉利也是偶遇的，那是一間玩具店，即是有公仔、煮飯仔、車仔那種。店內有一個角落放了一些 N scale 的火車。店內有些師奶，非常厲害，雖然不是專家，但對於鐵路和模型零件相當熟悉。講一個零件號碼，她們就立即知道那是什麼部件，有什麼功能。」店內還有兩種小書，一是鐵路模型發售資訊，另一本是更專門的列車與零件「百科全書」，店員和鐵路迷一旦遇上問題，就會用來「查字典」。

香港在日本鐵路模型的建樹

鐵路專頁「花生検車区」版主「花生」也有近似經驗。花生對巴士相當熟悉，同時也在《電車Go！》中開始培養對鐵路的興趣。「最初我喜歡巴士，也很迷飛機。後來有一次去東京。咦？日本鐵路好像很有趣。」花生在專頁中有不少關於鐵路歷史考據、新聞、知識，以至鐵路模型的討論。

訪問當日，花生拿着多盒早期的TOMIX 火車模型：「剛剛找到的，早期Tomy 在香港有廠時，Made in Hong Kong 的產品。」辛苦找尋這些模型，當然不是因爲模型做得精細，畢竟是四十多年前的技術，卻是見證香港輕工業生產的歷史。

近年，香港也有一些鐵路模型玩家成立公司，製作鐵路模型燈具，即車廂的室內燈組。這些燈具裝在日製的模型中，竟比原廠燈具更穩定，甚至可以在「寢台列車」模型的各個房間分別開關燈。這些出色的模型部件，反過來受日本鐵路迷追捧。

早期TOMIX 火車模型曾是Made in Hong Kong

在現實築構一個理想的鐵路世界

有火車模型自然需要有運轉場地。可惜香港地價昂貴，蝸居之中擺放鐵路模型，奢侈得不能想像。香港鐵路會曾每半年舉辦一次鐵路模型晚會，供會員展示靜態模型，也有路軌供動態模型運轉。

名鐵哥從前會在家朝桁晚拆，「世界盃淩晨開波，為了不睡着，就簡單地把路軌設置，讓火車跑動一下，但基本上很少這樣做，既麻煩又會阻礙家人生活。」

一般的火車路軌是環形，讓列車在路軌上跑動的桌面叫「Layout」或「Diorama」。以較小的TOMIX N scale Track A Layout 計算，佔地1120mm × 560mm，比很多香港家庭的飯桌要大，而路軌結構只是最簡單乏味的自轉。

在家中搭建路軌場景，並不容易

鐵路模型不是生活必需品，模型城市「上空」又幾乎不能擺放任何東西，尤其與家人同住的鐵路迷，在家玩火車是不可能的任務。有部分鐵路迷訂造特別展示櫃和玻璃飯桌：火車在玻璃飯桌下走動，展示櫃可以放置物品，但訂製傢俱，也是一擲千金。

為了更了解鐵路模型Layout 的製作，我在家中闢了一個剛好可放進TOMIX N scale Track A Layout 的窗台做測試。這個決定，已經使我那被其他樓宇團團圍住的家，少了僅有陽光、可供晾曬的地方。擴展城市只能在圈內推進；細小的路線圈也使購車出現困難：部分心儀的列車因爲未能在急彎行駛，無法購置；最難處理就是塵埃問題，模型本來就是精細物，拭抹不易，也有些部件忌水，不能大面積沖洗。

窗台上放上鐵路模型代替街景，卻失去不少置物和晾衫空間

土地問題也不只出現在亞洲。1927年，英國模型迷Roland Callingham因模型佔地太多，致使妻子大發雷霆，拿着麵粉杖要Roland在她與模型之間二擇其一。於是，Roland 在外買地，把模型放在戶外，後來變成了Bekonscot Model Village。1934年，當時仍是公主的英女王伊莉莎白二世在此渡過八歲生日。不少兒童故事作家，如Mary Norton（宮崎駿電影《借東西的小矮人》原作者）、Enid Blyton也曾於此地取材。

模型火車的「寵物公園」

跟藝術家的工作室、地下樂隊Band房一樣，2010年代，不少鐵路迷把他們的Layout設置在工業大廈。三五知己在單位內建設一個鐵路世界，更可設置大廈、道路、山嶺、隧道、公園、河流、大橋等，使鐵路模型在更貞實的地景上跑動。一個好的Layout 更可以模仿日出日落，一關燈，城市即可亮着萬家燈火。

鐵路迷設置一個豐富的Layout 後，也會公諸同好，或把Layout租給其他鐵路迷使用。玩法有點像寵物公園，鐵路迷付時租或日租，把自己的愛車帶到Layout，甚或一班人包場，一邊玩車，一邊打卡談天。

ホビーセンターカトー東京店的模型Layout

日本有不少鐵路模型店，如秋葉原的ポポンデッタ、ホビーセンターカトー東京店也設置了一個Layout，供鐵路迷遊玩，甚至可以即買即玩。至於英國，則有不少城市設有鐵路模型會，予模型迷交流聚會。

2019年，英國史丹佛一個鐵路模型會展覽被四名十六歲醉酒青年搗毀，多架價值不菲的模型列車被破壞，也有不少手作模型被摧毀。很多會員表示，這是他們花了二十幾年建立整個場景，可惜的是，有的會員已年屆七、八旬，沒有時間重新製造一個。事後，青年被判入獄一年，著名搖滾歌手，同是鐵路模型迷的Rod Stewart就捐出一萬英鎊協助重建。

在哪裏買交通模型？——巴士與鐵路模型銷售簡史

香港巴士和鐵路模型的製作與銷售，一直以來由幾間大型公司負責。

最初在九十年代涉足香港巴士模型界的，是英國模型生產商Corgi。Corgi 早於五十年代已製作巴士玩具，進入香港之前，本來就有幾個與香港巴士型號相近的模具，如1994年的都城嘉慕及1997年的奧林比安。說是「相近」而不是相同的原因，是當年生產商與巴士公司都不太講究細節，近似的型號以同一模具製作模型。不同年分的利蘭與富豪奧林比安，模具一樣，前後共製造了三十八款模型。這樣的操作嚇怕了早期的巴士迷，難道真的要用二百八十八元，不斷購買結構相同，只是塗裝有異的模型嗎？

Corgi相同的模具，不同的塗裝，「飾演」過七間香港巴士公司、數個型號的巴士。香港巴士模型曾經出現過一段沉悶的時代

Corgi的壟斷不久被打破，Drumwell、Buses、ABC、創英北嶺、Best Choose 等相繼出現，模具也逐漸多樣化。最重要的是，最大模型售賣商80M巴士專門店，成立了Cars Workshop，直接參與生產與營銷。後來的Network Shuttle 與Model 1也是近似模式經營。

在狹縫中生存，交通迷主理的模型店——BusMe

九十年代，如果交通迷要買交通模型，需要前往交通機構的客戶服務中心。後來，民間的銷售點陸續出現，如西港城的「藝軒」（後來的80M巴士專門店）、西環的90M，還有各大小文具店、精品店，都可見到全新的交通模型。

但是，80M巴士專門店這種「一條龍」的生產與銷售模式出現後，模型幾乎只集中在客務中心及連鎖模型店出現。到2010年代，能在自行經營的小店出售模型，屈指可數。在工業大廈經營的BusMe，就是狹縫中的特例。

BusMe老闆堪富利本是修讀設計，畢業後從事廣告設計工作。2008年，他辭工旅遊時，遇上了金融海嘯——廣告業工時長，堪富利沒有時間消費，於是跟隨同事把大部分積蓄放在股票市場，畢業後的努力在狂濤中湮沒。這成爲堪富利思考人生前路的契機，不斷學習新技能，又把珍藏的貴價巴士模型變賣；閒餘時則把模型改裝，例如把中巴變成九巴，或改成一些未有量產的模型，卻在這期間發現改裝巴士模型可能是一條出路。

這時，堪富利的一位客人在觀塘駱駝漆大廈有半個辦公室可供分租，BusMe就在這裏開始。2009年，他搬到時運工業大廈，門市一直經營至2024年。在這十幾年間，BusMe是少數在「制度」以外生存的模型店。

BusMe店面狹小，每次到訪要跟堪富利打招呼也不容易。店裏總有幾個人在看模型，又有幾個人跟堪富利聊天，有討論改裝模型的心得，也有天南地北什麼都講，是在其他模型銷售點較難見到的畫面。畢竟，其他店員未必是交通迷，講多無謂，但本是交通迷的堪富利，與顧客就形成了一個交流的社羣。有些人跟隨他開始改車，一個一個成爲獨當一面的高手。

BusMe也曾推出不同的精品，如交通魚蝦蟹、賀年福袋等，也曾在「熱狗」退役前，在一部丹尼士巨龍巴士買了一個「向熱狗巴士致敬」廣告，並推出巴士模型。BusMe不只是模型經銷商，或會負責修改模型，也有自己的創作。

BusMe 結束前，在時運工業大廈的門市

老店的最後探戈——再見三和

深水埗的三和一直是香港模型界的老字號，本是銷售鐵路模型爲主，有出售航空、軍事等模型，也曾推出巴士模型。很多售價較高，像真度更高的樹脂膠模型都是三和出品。三和曾經設立會員制度，會員可用閣樓的噴漆槍等設備，店裏的小貓也是標誌之一。這家老店在2023年秋突然貼出通告，宣布破產結業。

一如其他破產公司，三和結業後不久有一次半價開倉清貨。我在開倉前半小時在門外排隊，卻苦等了三小時才能入店。排在前後的模型友說，三和模型售價較貴，部分模型即使半價出售，也不比其他地方便宜多少，這次進去只爲「瞻仰」這三十年老店。

三和結束後，執達吏開倉的情況，是三和的最後紀錄

過去二十年，三和的確是我在深水埗Kill time的好地方。每逢我路經附近、等朋友，也會在冷氣充足的三和閒逛。這裏的模型，不是因爲賣不出而囤積的舊貨，就是不對香港胃口的外國產品，

或者正因如此，三和是一個尋寶的好地方。尋寶是一個未知的過程，每一次尋寶不一定代表尋見，即是尋不到寶物的機率很大，但這二十年之間，我確實在店裏遇上兩、三次喜歡的模型。就算尋不到，也總算是一種免費娛樂。

開倉當日由清盤人主理，他們不是店主，也不是交通迷。有貼上價錢的一律半價，沒有貼上價錢的貨品一律不賣。這些沒貼上價錢的，很可能是店主街坊朋友寄售，或純粹擺放供模型友觀賞的貨品或作品。

當日我目睹一位叔叔到三和「討債」，想拿回自己的模型，他們沒有排隊，直接入店，但不得要領。

「嗱，給你一個地址，中環XXX道XX大廈。」
「我去這裏就可以取回？」
「唔係，你寄信去！」
「但我無單無據的。」
「那就沒有了。」
「我們認識幾十年，這些車我借給他展示，（櫥窗上）這部船是我的，這部車都是我的。」
「如果你部嘢唔值錢（無人買走），到時就有機會取回。」
「大家識了幾十年，怎會問他拿單據呢？」

叔叔的欲哭無淚，是活生生的模型發燒友悲歌。

全新的模型既供不應求，二手市場自然應運而生。一般來說，二手的即是舊東西，價值一般較低，二手交通模型卻是另一個戰場。

火車巴士變火箭——搶購、炒賣與二手市場

在九十年代，製造商剛生產香港的巴士與鐵路模型時，稱不上有「炒風」存在。初期的巴士模型每款生產一萬、八千或五千部，巴士迷長期可在客務中心，甚至精品玩具店購買。在二手市場，如Yahoo拍賣、MSD巴士專門店等，一般能以低於一手價買入。當時大部分巴士模型公價為二百八十八元（雙層巴士）或二百三十八元（單層巴士），二手價一直維持在一百五十至二百五十元之間。

三部元組級都城嘉慕，香港最早的巴士模型

銷售模式改變，炒賣開始

最早期出現「炒價」的模型，相信是第一部「黃頭」火車，和九巴勝利二型模型，價格可在Yahoo 拍賣反映：前者曾炒至過千元，後者也達到八百元，是一手價的兩倍半。

踏入2010年代，模型的銷售模式改變，不論本土巴士或鐵路模型，每款產量甚少超過二千架，絕大部分更限量數百，大大改變了整個模型市場：模型公司情願短時間內把模型賣完，也不傾向把存貨留在店面，長賣長有。交通迷從前在店面看見實物，仍可慢慢考慮；到2010年代末，在網上看見宣傳照片後，就要準備坐在電腦面前搶購，甚至飛撲至各大模型店排隊。對模型店而言，這種飢餓行銷，不但能保證清貨，更使店面定期排滿交通迷，把主導權拉回自己手中。

自此，每逢有一些「新模」，或是話題之作，都必招炒風。

關於模型炒價，實在難以歸納一套論述去推論，以下幾個因素，皆可能使模型升價兩、三倍甚至更多。

注意：以下是曾被炒高的模型例子，模型價格可升可跌，以下討論不代表出版及閱讀時的價格。投資者及收藏家應注意，模型的價格及收益（如有）可能反覆波動，並可能在短時間內大幅變動，投資者或無法取回其投資於模型的金額。所以，模型是用來玩的。

1. 只出一次

有些模型、整個模具、顏色，或局部部件只生產過一次。1:76 九巴猛獅24.310（MAN 24.310）、九巴都城嘉慕空調巴士，都從二、三百元炒到過千元。

都城嘉慕空調巴士

2. 甚少推出模型的運輸機構

九廣鐵路是較少生產模型的公司。2000年代末，不合比例的九鐵丹尼士三叉戟曾被炒至八百元以上，但因是早期產品，質素及精細度不佳，現已不太值錢。2007年兩鐵合併時，巴士及鐵路模型生產技術比較粗糙，而傳聞合併之後，沒有職員負責紀念品售賣，因此甚少批准模型生產。當年，HO黃頭火車一出，旋即升價三、四倍。另外，2020年推出、只曾在香港短時間服務的捷達巴士1:76模型，更瞬間從四百元炒到一千五百元。

3. 話題炒作

新巴在2023年與城巴合併專營權之前，把四部巴士換上初年的「波浪」塗裝，成爲巴士迷界的一大話題。同時，巴士公司推出了一系列模型。下一段，將詳述這段橫跨半年的炒風。

右爲九十年代推出之黃頭模型，造工較粗糙；左爲2021年推出之新版本黃頭模型，旋卽被搶購一空，價錢被炒至四倍

利蘭奧林比安捷達巴士

新巴「波浪」塗裝 巴士

告別新巴，如何搶購一系列的巴士模型

很多巴士迷和我一樣，早已預料這次推出的模型炒風必起。這是二十幾年來首次有專營巴士「結束」，新巴、城巴安排了一連串公關活動，模型公司又以擠牙膏的方式，把模型拆開三個月推出。這三個月，流言四起，巴士迷人人精神繃緊，「聽說星期六下午會網上開售！」「聽講網上開售只得好少，唔會夠Bot玩（意指高技術巴士迷設置機械人程式搶模型）。」

每次模型開售前，新巴都在官方的社交媒體公布消息，大家磨拳擦掌，準備殺戮。開售當刻，大批交通迷衝入官網戰鬥，整個過程只有三十秒至一分鐘。晚上8時開售，8時2分網上開始罵聲四起。

別以爲網上開售完結，一切塵埃落定。有人在網上留言，「Factchecked，上次在網上買唔到，今個星期六，在Network Shuttle實體店開售。」每次傳出「消息」，不能肯定眞僞，卻又開始緊張。模型店一般在開售時才公布消息，能否在獲知消息後儘快趕到模型店就成爲勝負關鍵。

若你只在家中乖乖地等候，看見消息後才以九秒九的速度，坐的士去模型店排隊，隨時已有二百人排在前面，功虧一簣。更好的策略是每次有流言傳出，開店前就在模型店附近流連，一看見模型店公告就排隊。雖說白行一趟的機會很大，但若然在開售一刻已在店內，保證100%買到。

為買一部搶不到的巴士模型，我輸掉了人生第一次徵文比賽

這系列共推出四部模型，我在網上搶了首兩款，第四款在模型店開售時，剛在附近參加婚宴，於是穿着西裝，半醉的跑去排隊，成功購入。唯獨第三款的富豪B8L（下稱車隊編號：5230）失敗了。三缺一，我的目光唯有轉移至炒賣市場。

如果你跟我一樣，年紀夠大，看過《大時代》（1992）就會明白，所有市場波動都不是獨立事件。買一部模型，要留意的不是單一模型價格，而是整套系列模型的供求與升跌。

第一款模型是6月發售的Enviro500 MMC「5839」，產量八百部，沒有限制購買數量。在網上初發售時一車難求，大概在開售後一分鐘售罄，開售價爲四百九十八元，首星期的交易約維持在七百至八百五十元之間，增幅只有70%左右。當這些三位數炒價被市場消化後，價錢一下被推至一千四百至一千八百元。在製造商模型店Network Shuttle 現貨開售後，價錢才回落至一千二百至一千三百五十元之間。炒價接近是開售價的二·六倍。

第二款模型是Enviro500「5518」，在新巴結束後的7月在城巴網站開售，產量八百部，每人限購兩部，約在三十秒內售罄。市場炒價直接參考上一部，定在一千二百至一千五百元左右，幾乎停滯不動。這次製造商Tri-face 遲遲未有公開出售現貨，讓模型「有價有市」。

8月，城巴網站開售第三款富豪B8L「5230」，產量八百部，每人限購一部，同樣大概三十秒內售罄。每人限購一部，有更多人

能買得心頭好，同時每人只有一部，更加惜車如金。首日賣價報一千八百至二千元，暴升四倍，直至模型店Network Shuttle 網上開售後，價值才回落至一千五百元左右。

值得一提是，這次開售因有購買者未有付款，或超出限購數字，有十四部模型未能出售。Network Shuttle此時竟出奇招，舉辦徵文比賽，題目爲「想買新巴波浪巴士的原因」，勝出者可獲得五百五十元的購買權，文章限五百字。

由於我未能購入心頭好，第一次參加徵文比賽，也輸了第一次的比賽……

〈十號波浪〉

窗前當作鬧鐘的收音機每天7時正就會響起，熒光色長方形刻度像波浪每天準時抖動：「十號風球於上午6時45分懸掛，平均風力超過一百一十七公里。約克風眼將自東南至西北橫過本港。」其實只要不用上課，八號九號十號都沒有分別。但十號——人生第一次，莫名興奮。

爸媽忙着把毛巾塞住窗門罅隙：「繼續瞓啦！」我還是竭力起床看早晨新聞。天氣圖中的「約克」路線也像波浪。然後是來自港九新界攝製隊的「微波傳眞」片段：渡輪停航——記者在皇后碼頭外拍攝湧浪；九廣鐵路停駛——新建的紅磡火車站的屋頂是浪；機場有六十八班機取消，九十幾班機延遲，新機場客運大樓也是波浪。運輸署道路監測系統拍下颶風中的公主道天橋；清水灣道近彩虹，也剛好是浪的形狀。

趕快把所有Tomy車仔，和報紙檔買來、上層車頭玻璃圓滑得有點未來感的巴士玩具倒出來，模仿颱風下的城市。家裏沒風，就把電話筒拉起，掛在衣架上。電話線從緊密的迴圈變成規律的長波浪，在半空蕩漾，「嘟——」的等待音很快變成「嘟！嘟！嘟！」爲了加強「風力」，電話筒必須持續搖晃波動，像新聞中颶風下的電塔。這時風眼已過，新聞表示巴士服務陸續恢復，報導員身旁的三間巴士公司插畫，只有新巴不是純色的黃或紅，車上有一個橙色波浪。

爲何要買復刻波浪塗裝模型？想買回那個風假不用Work from home開會的日子；那沒事可做時，立即玩車仔和巴士的衝動；和波浪一樣，Analogue 的九十年代。

坦白說，平日寫五百字的稿費，加上五百五十元的換購價，剛好是一千多元的炒價。也就是說，把上文印在專欄，直接用稿費的錢買模型就可，更悲慘的是，最後輸了。買巴士模型咋，消息要靈通；手要快，又要跑得；又要貼市；又要寫文，做巴士迷，好辛苦喫。

炒賣即是香港

2000年代初，Yahoo 拍賣成爲二手模型主要市場，炒風開始出現。往後的十幾年，這裏就一直是二手市場的指標。然而，一個人同時開設多個戶口，實在不難。當年有些交通迷已經質疑Yahoo的定價是否涉及炒家操作，製造需求假象。

2010年代，正如上述提到一手模型銷售模式轉變，從大量生產，店舖長期有貨，變成少量生產，但求快速售罄。很多人買不到心頭好，炒風變得熾熱，一種「飢餓感」在交通迷界蔓延。爲了購入心頭好，巴士迷曾通宵在裕民坊的九巴紀念品銷售處排隊，很誇張吧？

如果你踢過「街場」足球，或需在政府運動場租場做運動，就一定知道什麼是「炒場」——最初是有人聘請他人，凌晨在體育館門外排隊，負責幫忙租場。是以，體育館一開門，所有場地隨即被預約一空，一般市民要踢足球只好「買場」。考車不合格，想以「快期」重考，也曾出現過「快期黨」。

香港排隊炒賣的問題本就存在。不說巴士模型，最常見的演唱會門票，不也就是大家等候進入系統，幾小時以後畫面仍然一樣，但同一個上午已經有人以高價放出門票？起碼排巴士模型，玩家還是佔大部分。

模型收藏家

玩模型會遇上很多不同類型的人。

國際模型界有一個對模型藏家的形容詞：Rivet counter（數鉚釘的人）。詞語原本泛指留意各項細節，有專門興趣（如軍事）的人，後來引伸至一些對模型吹毛求疵的鐵路迷。

那到底是對模型比例和像真度擇善固執，還是太過苛刻挑剔，標準又如何釐定？這實在沒法一概而論，不同價錢和物料，仔細程度也不一樣。樹脂膠製造的車，一般比合金車來得精細，但保存比較困難，會隨時日扭曲變形。

模型，從不是永久的。

八角星人

當我還是中學生，開始儲模型時，有一位前輩跟我說：「買模型一定買二手」。 二手模型，即是有人玩過的舊車，有新的為何還要買舊？

前輩問：「你信得過自己『驗屍』嗎？」

所謂「驗屍」，是指購買模型時，檢驗貨品質素（交通迷稱QC）的能力。「假設一部模型賣三百元，二手賣三百一十元，那十元可能就是購買了一個『驗屍』服務。他賣模型給你，可能他已做了詳細檢查。」要省下這十元驗屍費，就要學做一個驗屍官了。

檢驗模型的功夫，包括外觀的油漆，有否崩缺、刮痕、印刷紕漏等，有些模型經歷數年，油漆會崩裂起泡；模型內部有沒有部件遺失脫落，俗稱「打風」。最重要的是，模型主結構在鑄造時，有否因合金成分問題爆裂、或扭曲變形，俗稱「谷模」。

車身已扭曲變形的谷模巴士模型，而且油漆表面開始起泡

除了車輛，還要檢查「證書」、「外盒」是否齊全——外盒的紙皮角落可能因撞擊而崩裂。一些討厭買家吹毛求疵的模型賣家，會訂明模型「不適合驗屍官」，甚至嘲笑那些介意外盒角落崩花的買家爲「八角星人」（因模型盒有八隻角）。

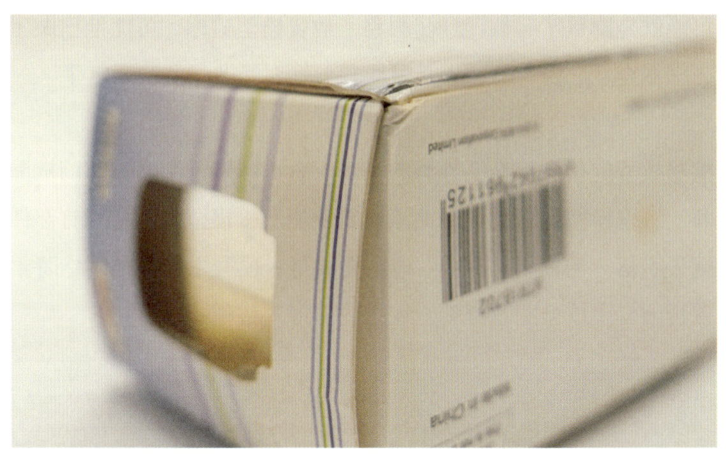

崩裂的紙皮角落

記錄與推廣：模型史家與評論者

模型是交通的立體照片，好的模型彷如藝術，形似也要神似，但基於工業技術及成本，也有可能要犧牲部分要求。而有藝術，自然有藝術史家和評論員；在交通模型界，也有人扮演這個角色。

歷年來，各間模型製造商已經推出過超過一千五百款1:64或1:76巴士模型。要找回三十年來，一千五百款模型的詳細資料不難，Oriental Model Buses（OMB）是香港最整全的巴士模型紀錄——英國人Graham White主理的香港巴士模型資料庫。

資料庫從1998年開始，到2024年仍活躍運作，記錄每一部巴士模型的生產資料：數量、型號、廠商、出產日期等。有趣的是，網頁至今也保存了九十年代的網頁格局。記錄的同時，這網頁本身也是文物。

Graham White一直住在英國，來過香港渡假十次，網頁是他用工餘時間打理的。他形容自己喜歡的是「香港的巴士」：從1998年，Corgi 出產了三軸奧林比安開始後，他迷上巴士模型，至2022年儲了大約五百五十部模型。

OMB常在Facebook 發文，遠在英國也能發布最新的巴士模型新聞和資料，而「當年今日，某某巴士模型開售」的貼文，也常教我唏嘘。

記起二十年前，我在80M巴士專門店前拿着銀包躊躇不前，半小時後還是乖乖放下三百大元，帶走那部利蘭奧林比安。

4

捱更抵夜風餐露宿究極實測！首航、歡送與牛河

閱讀難度

捱更抵夜風餐露宿究極實測！首航、歡送與牛河

任何公共交通首航或是路線結束、車輛退役，對於社區或多或少有標誌性的改變，都值得參與和紀錄。

就像年初一在黃大仙祠上頭柱香，或紐約時代廣場倒數一樣，對於交通迷而言，這種「標誌性」和「儀式感」推到極致，爲了乘搭別具意義的班次，他們情願提早排隊、等候；更重要的是，參與首航和歡送的，都是聯羣結隊，幾個朋友，帶同相機，邊討論邊等待。這是一個大型派對現場，是聯誼的好地方——醉翁之意，在酒也不在酒。

我們間中在街上，或電視新聞看到交通迷在街上奔跑，追着車輛拍照；當幹線或鐵路通車，他們會「爆閘」跑進車站，究竟在追什麼？

首航、歡送對交通迷而言意味着什麼？

追巴士、追鐵有什麼技巧？

交通迷界有一套術語，常聽到的術語「牛河」是什麼？

首航與歡送，交通迷的等待與爭執

你去過紐約時代廣場的大除夕倒數嗎？

要參與這個全球矚目的倒數活動，有人提早兩日到場，若你當日早上才抵達，或者只能在邊緣的位置等候；下午3時後才出現的，能夠在廣場參與的機率已近乎零。紐約警察會封鎖街道，控制人流——停留的範圍一旦被封鎖，離開範圍即等如放棄。於是，不少人帶同食物，穿着紙尿布，爲的就是一年最後的十秒——十、九、八、七……三、二、一，Happy New Year！

瘋狂嗎？瘋狂！但這二十小時的等待，眞的只是爲了一年最後十秒？還是那十幾小時爲嚐平生之願才是重點？

交通迷的世界也是如此，有不少需要捱更抵夜餐風露宿的「追車」機會。我自覺不是一個合格的「交通迷」，2012年九巴的非空調巴士Last Day沒追，2021年柴油火車退役沒有去，連舊山頂纜車退役也沒有參與送別。怕人多、怕辛苦，而且「追車」這種在街上跑來跑去的活動，如何靈活走位，不阻礙別人之餘，自己也能享受其中，技術的含量太高，就像一個完全不懂足球的人，突然出現在綠茵場上，只會不知所措。

幸好，寫書期間剛好是交通界的重要年份：服務四十年的「電氣化火車」退役、東鐵綫過海段與會展站一併啟用，連二十幾年來未曾在東鐵綫上移動的「黃頭」火車（第一代電氣化列車）

也被拖到紅磡站展出，新山頂纜車也投入服務，還有巴士301線（海底隧道－上環〔單向〕）、797M線（將軍澳站－將軍澳工業村〔循環線〕）及開辦三十六年的41號（長青－九龍城碼頭）取消、最後一部初代「金巴」退役——多件大事接連發生，這是做考察的上佳時間。

交通界大事，也是民生大事

「追車」每日隨時可做，但每逢交通界有大事發生，大量交通迷會在車站或街上拿着相機狂奔，因而有「大規模追車」的場面。這些「交通界大事」，也可能是「民生大事」，是以有些時候，非交通迷也會加入「追車」的行列。

1998年，中巴被撤銷專營權，結束六十五年專營巴士服務，並由新巴接辦路線。當晚，不少巴士迷、市民和傳媒在巴士總站守候新巴在凌晨12時15分於小西灣開出的N8（小西灣－灣仔碼頭）路線，全車爆滿。

1999年10月，我和弟弟在《東鐵傳眞》中看到「第一代電氣化列車榮休之旅」。31日，最後一班「黃頭」火車從紅磡站一號月台開出，我倆也是座上客。這程車的每位乘客都獲有一張印上編號的證書，至今還是珍藏。

這兩次迎送之旅，顯示當年的普羅市民，對新的公共設施好奇，正如當年到啟德機場拍照留念，或到赤鱲角機場參觀也不是航空迷的專利。

九廣東鐵
KCR East Rail

編號 No: 07291

第一代電氣化列車榮休之旅証書
Certificate for Farewell Ride on 1st Generation Electric Train

茲証明 閣下為九廣東鐵第一代電氣化列車「榮休之旅」的貴賓。服務十六年的第一代列車於今天（一九九九年十月三十一日）正式光榮退役。設備更臻完善的東鐵翻新列車將肩負重任，繼續為乘客提供優質服務，與您共同跨越新世紀。

This is to certify that you have participated and witnessed the Farewell Ride on 31 October 1999. The 1st Generation Electric Train will retire today (31 Oct 1999). Our modernised fleet of refurbished trains will continue our mission to provide passengers with a quality service from now onwards and into the new millennium.

31.10.1999

KCR

李鏡權 K. K. Lee
Director, East Rail

第一代電氣化列車榮休之旅證書

中期翻新列車榮休之旅證書（中及下）

2002年8月18日，地鐵將軍澳綫通車。首班列車下午2時從寶琳站開出，不少市民在正式通車幾小時前便守在閘口。從無綫電視新聞片可見，每逢新鐵路線開幕，多人在閘口「爆閘」奔跑的情況已經出現。首批衝入閘的，不只有鐵路迷，還有大量將軍澳居民。

2008年12月7日，九巴70號（上水－佐敦匯翔道）巴士停辦。這條古老的路線隨獅子山隧道通車投入服務，曾是新界東與九龍的命脈。九廣鐵路電氣化後，沒人再願意花一百零五分鐘來往上水和九龍，年蝕八百萬，終在2008年正式取消。取消當日的大部分時間，兩邊車站佈滿候車乘客，幾乎每班車爆滿，可能是70號最多乘客的一日，也是我唯一一次坐畢70號全程。大部分歡送70號的都是巴士迷，有巴士迷更在尾班車開出前，向巴士行三鞠躬禮——交通迷常戲稱歡送路線、車輛等活動爲「送殯」，可能源起於此。某些巴士迷「非常投入」歡送活動，也開始爲公衆廣泛注意。

2009年，港鐵將軍澳綫康城站開幕，有鐵路迷拿着香檳上車慶祝：他在車上大聲倒數，並獨自開香檳，大叫「生日快樂，Happy Birthday，飲勝佢，哈哈哈哈哈哈」。這男子被稱爲香檳男，網民揶揄鐵路迷時常引用此片段。

2012年，九巴的「熱狗」退役。由於當時資訊相對開放，在熱狗巴士退役前幾個月，不時有流言傳出巴士退役日子，甚至流出個別巴士路線的終極熱狗尾班車。但是，指派巴士涉及很多人爲因素，也會受班次、車輛故障等原因影響，消息混亂，巴士迷往往花上很多精力和時間追車。而且，每部巴士只能載上百多人，很多巴士迷因不能登上巴士、接收信息有誤或打尖而發生爭執。

同年5月1日，九巴30X線（黃埔花園－荃威花園）由黃埔花園開出的班次受交通擠塞影響，該部備受追捧的熱狗巴士被指在加士居道「中途起載」—— 這本是普通不過的車務操作，部分在黃埔守候的巴士迷，隨即趕到加士居道上車。然而，這只是謠言，巴士照原訂路線於總站開出，已前往獲嘉道和女拔巴士站的巴士迷因巴士爆滿，不能上車，隨即鼓譟並阻止巴士開出。車上車外巴士迷發生爭執，粗口橫飛，擾攘多時始能開出，交通迷界稱之爲「獲嘉之亂」，也引起本地和世界傳媒注意和報導。

此後，每有大規模的「追車行動」，即使是交通迷，也會覺得情況有如「羣魔亂舞」；一般的街坊，甚至一些行爲較收斂的巴士迷自然不敢參與。不良巴士迷的形象透過大衆媒體的傳播，愈來愈確立。然而，鏡頭下的交通迷就是全部嗎？追車有什麼技巧和細節？我決定親身一試。

相迎相送，
當東鐵綫橫越維多利亞港

2022至23年，巴士、鐵路界有兩件大事：港鐵東鐵綫過海段通車，以及新巴結束營運。我決定把這兩件事作爲追車的實習戰場！

東鐵綫過海段通車是整個交通界的大事：服務香港四十年，不能過海的都城嘉慕中期翻新列車（烏蠅頭／MLR）退役；舊紅磡站轉至新紅磡站；301線巴士因東鐵綫過海過被取消；港鐵會展站開幕……這不單是鐵路的事，根本就是整個新界東通勤模式的變換。如此密集的相迎相送，也是香港開埠以來首次。

告別MLR，曾經象徵盛世的列車

「九家姐」是MLR列車在臨退役前，大衆爲新的、過海的韓製列車（R-train）另取的花名——由於只有九卡，新界東居民取其諧音稱它爲「九家姐」（九卡車），而一直以十二卡車行駛的MLR，則被稱爲「十二家姐」。

「十二家姐」與地鐵都城嘉慕列車從八十年代初一路走來，是香港踏入「現代化」的象徵，盛世的代表。不要忘記，在他們出現之前，香港的鐵路還是沒有冷氣，入隧道時全車乘客有默契地關窗：粵語片和鐵路博物館看見的那種。

「九家姐」（左）與「十二家姐」（右）經過粉嶺站

我在火炭長大，火車是成長中重要的交通工具。昔年從九龍回家，對紅磡火車站的波波燈，會「噠噠噠噠」地轉的黑色目的地牌印象深刻；列車高速穿過筆架山隧道，與其他車卡連接的隔門震得不停開開合合地「啪啪」作響。左邊梯田阡陌，現在已成八號幹線；右邊是顯徑邨和駕駛學院，然後有單車公園；此時火車突然關燈，冷氣也關了五秒。着燈後，青龍水上樂園的摩天輪、水上滑梯、新強記的大招牌略過，列車抵達大圍。「吱」一聲——伴隨一陣怪味傳入車廂。

那時火車頭還是黃色（因而有「黃頭」的別稱），橙色的座椅、淡黃的車廂可見於《花心夢裏人》（1989，柯星沛導演）、《合家歡》（1989，高志森導演）、《賭神》（1989，王晶導演）、《甜蜜蜜》（1996，陳可辛導演） 等電影。

列車於1982年投入服務，當時沙田、大埔、北區等新市鎮剛開始發展。早期的電視廣告稱之「電氣化火車」，歌詞中提到「電氣化火車，返工返學要靠佢。搭火車好玩，舒適更快趣。陪你快捷去吃喝玩樂地……」畫面出現的是一家人郊遊、購物、用餐的場面。搭火車好玩？有幾好玩啊？

八十年代，新界東人口急遽增加，這種近郊鐵路的空間設計已不敷應用。九十年代尾段，九廣鐵路將「黃頭」重新改裝，成爲今天的MLR，每卡車門由六對變成十對，座位由對坐變成今日的橫向模樣。車身最初是藍色和銀色，初期曾被譏「死人藍」（白事所用的藍色），後來又把門改爲湖水綠色，再統一變成紅色。這個配色也用於西鐵及馬鐵，成爲九龍新界的重要城市景觀。MLR火車內部湖水綠色的裝潢也是特色之一，曾在任天堂廣告和電影《男人四十》（2002，許鞍華導演）登場。

這列車在1999年時告別過一次（上述的「第一代電氣化列車榮休之旅」），那次是舊車翻新，而2022年則是眞正告別。

「站見」鐵路展中的「黃頭」火車

鐵路迷追車攻略

這一次的告別，我找來交通迷 Ella 和Oggy 協助我追車，「學吓嘢」。 Ella 二話不說把最後兩日MLR的上下行出車時間全部列出，也提醒我帶怎樣的相機，準備幾多顆電池，也教我幾個術語（例如透露資料叫「漏奶」）。

MLR火車退役前一晚，我下班後特意跟Ella先行練習：在大圍等MLR到達，上車前往紅磡；下車拍照，再坐回原車去上水。雖然列車明天才正式退役，月台和車廂已有不少市民拍照留念，大部分明顯並非鐵路迷。MLR火車退役，顯然不只是鐵路迷的心事——你可能對交通不關心，但當你在旺角拍攝鬧市照片，發現火車橋上列車的顏色從藍紅色變成灰銀色，就會明白這是整個城市景觀的驟變。

Ella 坐到太和後，突然提出出閘。坐夠了嗎？Ella說，她在大埔墟站入閘，坐到紅磡，折返上水，再南歸太和出閘——即是大埔墟入，太和出，來回坐了二十個站，但八達通紀錄只是坐了一個站，車費是三元八角。

如果繼續坐車不出閘呢？盛惠六十一元五角，那是港鐵最高車資。只要你進入已付車費區域，超過一百五十分鐘不出閘就會被罰。「對於你嚟講，六十一元五角可能唔係乜嘢，但我是返Part time 很辛苦儲返嚟。」是的，追車也要追得精打細算。

MLR最後之旅

第二日，MLR退役的日子。我在最後一班MLR列車開車前兩小時，坐上沒人留意的「尾幾」班次。那列MLR乘客不多，我即興拍下全程由紅磡到上水一刀不剪的乘車片，整個車廂全程大約只有二十人左右，大部分是鐵路迷。晨光熹微，能靜靜地坐一程火車，二十年都沒有試過；路軌附近的行人天橋、山坡、路邊都有鐵路迷，拿着長鏡頭走來走去，等待拍下MLR。

回到紅磡，整個月台是人，尤其是車頭車尾位置，幾乎窒息。車上不乏一家大細，男男女女，絕不只是鐵路迷的派對。開車歡呼，到達總站也歡呼。列車到站後，大家在月台拍照，最後逾時出閘，但這一天沒有罰款。

一位港鐵高層在典禮中說，MLR列車拆解後的部件可有很多不同用途，例如老人健身設施。如果大家有任何提議，都可以提出，換來不少在場市民異口同聲說：「保留！」

新車站的誕生，會展站開放參觀

MLR告別之旅後幾日，屬於東鐵綫過海段的會展站準備開幕。開幕前，車站舉辦了一個開放日，網上報名迅速爆滿，到場的不只是鐵路迷，很多是一家人在假期找節目，就來新車站看看。

這讓我不明白，新車站開幕與告別不同，告別是永恆的回憶，但車站開幕後，大家天天也可以來啊。要說唯一特別的，或者是港鐵公司在出口安排了「扭蛋機」，內有一個隨機的東鐵綫車站紀念襟章。襟章立即被炒至三百元以上，非常誇張。

MLR尾班車到達前，鐵路迷和市民於月台守候，幾乎每一寸可站立的位置都有人在舉機拍攝

MLR退役當日，列車到站後乘客留在月台拍照

會展站通車前的開放日

完成歷史任務，告別301線

幾日後，服務超過三十年的301線因東鐵過海，失去作用而取消。301線是晨早特別班次，由紅磡海底隧道，經灣仔、金鐘、中環至上環終點站。有趣的是，301線服務時間由早上8時至9時13分，但早上6時已有人到達紅磡海底隧道的巴士站，排隊坐尾班車，也希望爲巴士拍照，但排隊的地方不是最好的拍攝點——二者不可兼得。

早上的紅磡海底隧道的巴士站非常繁忙，301線是最多人乘搭的巴士線之一，部分拍攝巴士的人站在馬路拍照，或阻礙他人上車，引起輕微推撞。巴士公司派出職員疏導，傳媒也在報導，秩序大致良好。新巴、九巴在當日也派出「明星級」巴士，也就是罕見的巴士型號助興，讓巴士迷相當興奮。在最後班次上，新巴派發證書給所有乘客，又播放告別廣播——原本嘈吵的車廂霎時寧靜，大家忙於舉起電話錄音。301線抵達上環總站，德輔道中兩旁還有不少巴士迷守候拍照，而我已急不及待，回家補眠。

告別舊紅磡車站

東鐵綫過海段通車後，原有的月台將會停用，改用新的擴建月台。紅磡站之所以特別，皆因它本就不是一個很「通達」的車站。至少，紅磡站的大堂，比任何一個車站大堂都難以前往，也沒車站像紅磡一樣龐大。

紅磡大堂座落於一個巨型平台，這平台巨型得可以同時放上一個多層停車場和紅磡體育館。在沒有中層出口的時代，過海必須在大堂旁邊的樓梯走進圓形窗的中層通道，才能前往隧道巴士站。

301線尾班車開出前，巴士迷在紅磡海底隧道口守候

301線尾班車抵達上環總站後，馬路兩旁拍照的人羣

301線尾班車離開後，地上的候車標示被工人擊碎

小時候，我每次見到圓形窗，就知道即將要過海，非常興奮。當然，走進大丸前，先要捱一程木板座椅的中巴112線（蘇屋－北角百福道）——這個大堂在港鐵時代，只淪爲一個「A／D出口」。九十年代中，列車車尾位置還有一個極方便，小得像緊急通道的E出口：穿過小門，便可以看到偌大的Konica 霓虹燈，直接進入尖東海傍。

九十年代，翻新前那個現代主義建築的紅磡站，天花的波波燈、轉換資料時會發出「噠噠噠噠」聲響的黑色目的地牌、大量櫃位和售票機、白色長光管指示牌，還有九鐵第一個有單張、紀念品售賣的客務中心——那個氣派不是普通通勤車站可比擬。九廣鐵路有傳統鐵路的堅持，即使總站一度搬到尖東，還是要造一個巨型LED 目的地牌，但月台只有兩個，目的地不是羅湖就是上水。

1979年，廣九直通車重新通車，港督麥理浩（Sir Murray MacLehose) 親自迎接。從此，九龍車站成爲電影中來往中國大陸的重要場景。大部分都是故事的開端，包括《甜蜜蜜》(1996，

舊紅磡站月台

陳可辛導演)、《新精武門1991》(1991,左頌昇導演)、《賭聖》(1990,元奎、劉鎮偉導演)。但對大堂描述最清晰的,應是《女人風情話》(1985,唐基明導演),鄭文雅到車站接大嫂的一段。

告別車站簡單得多,從早上5時半至午夜,我在站內遊走。即使你執著紅磡終極尾班車,也有相當充裕的時間拍攝站體,而不像追車般要抓緊分秒,或與其他人爭先恐後。

東鐵綫過海通車,不只是一條路線的延伸,又或舊紅磡車站落幕,而是大眾的乘車習慣都會有翻天覆地的改變。十年後,可能無人明白在紅隧轉隧巴是什麼一回事;紅磡變成一個普通通勤車站,直通車亦將會消失。

總結這幾日的追車與告別車站,剩下四個大字:「筋疲力竭」。早起晚睡,在場時又要高速跑動;打聽消息後,又要在短時間內判斷是否可信。幸好,這種規模的告別,三十年不逢一閏。

豈料兩個月後,又一個震撼消息出現:行政長官會同行政會議批准,新巴專營權於2023年7月1日起與城巴合併。

新巴告別——甘泉瘋狂一夜

2022至23年，另一件交通界的大事，就是服務香港二十五年的新巴，與原本的競爭對手城巴，經歷多次股權變更後，已在同一間母公司手中。兩間公司終在2023年7月1日，合併為城巴。這是香港第二次經歷專營巴士公司結束營運。

告別前哨戰——H1B

這次告別之前，新巴、城巴做了不少功夫——一連串的YouTube宣傳，又把四部巴士重新噴上新巴剛剛獲得專營權的「波浪」塗裝，並發售巴士模型。最特別的是，新巴在最後三十天開辦了一條臨時路線H1B（中環天星碼頭－尖沙咀），意指History of First Bus開篷巴士。開篷巴士一直被視為遊客生意，但今次路線途經工廠區、住宅區等，顯然不是為遊客而設，而且車費只需三十九元八角。這是我第一次坐開篷巴士。

在電影、電視中，有過不少開篷巴士場面。《不一樣的夏》MV（1998，楊千嬅、梁漢文、陳奕迅主唱）和電影《表姐，妳好嘢！》（1990，張堅庭導演）拍着開篷巴士在彌敦道和尖沙咀穿梭；《豪情》（2003，林超賢、陳慶嘉導演）和《一蚊雞保鑣》（2002，黃子華、鄺文偉導演）則有兩條大橋的身影。若你嫌這些景象都太Cliché的話，這條H1B途徑的，是海底隧道和香港仔隧道、黃竹坑和柴灣工業區、華富邨，還有山道天橋。這些路線都是新巴發跡的地方，巴士廠、衛星城市和社區，不是傳統遊客景點。不是H1B，沒有什麼機會在開篷巴士上，吹着風用全景的角度看。

經過隧道時，抬頭一看，我們與隧道頂部竟如此接近，照明燈像在額角略過，有機會看到山道天橋的天空，而拍攝華富邨的「對Grid」照也相當輕鬆。坐車當日，有遊客誤坐這條路線，巴士到中環後，遲遲不肯下車。大概是對這「遊客路線」竟是公屋工廠遊大惑不解，以為車程未完。

H1B途中拍攝的華富邨

甘泉瘋狂一夜

新巴最後一班車，鐵定是2023年7月1日凌晨的970X線（香港仔－長沙灣甘泉街）。在尾班車開出前十二小時，有人已帶同板凳在甘泉街巴士總站守候。從中午到晚上11時半，人龍從巴士總站經長沙灣道，轉入通州西街才停止。隊伍中有男有女，也有不少家長陪同子女到來。根據以往經驗，2008年70號，以至301

線取消前的尾班車都由幾部巴士組成，即是有六百多名市民等待終極尾班車。

我本不打算乘搭尾班車，但「經過」龍尾前，看到職員舉着「截龍」牌，看來是命運安排我成爲新巴二十五年來最後一個乘客。最後應人潮需求，龍尾稍作延長，加上中途有人下車，騰出一個位置。我致電通知朋友：「喂，有位剩！」最後他在華富登車，我猜想他才是最後一個新巴乘客。

排隊等候時，有不少由巴士迷保留的退役巴士，甚至其他私人巴士公司的巴士在附近繞場致敬。而喜歡巴士的很多同樣喜歡JDM（日本國內規範跑車，在2010年代末重新流行），他們駕駛着愛車，打算跟着尾班車巡遊。

尾班車由四部有「波浪」塗裝巴士擔綱。我是最遲排隊的乘客，上的自然是尾班車中的尾班車。職員派發紀念品後，車隊編號5839的970X線擾攘二十分鐘後終於出發。凌晨2時的長沙灣道、彌敦道罕有地非常擠塞，簇擁着四部巴士的，是無數夾道歡送的私家車、巴士，還有巴士迷租的的士，組成了極度壯觀的車隊。當巴士駛至港島，從西區開始，一直到置富、華富，兩側都是巴士迷。這部尾班車到達香港仔總站時，已接近凌晨3時30分，比平常遲了一個鐘。

到達總站後，不捨的人羣還留在總站拍攝。苦了香港仔總站附近的居民——當日的巴士迷已算守序，但上千人在此聚集，噪音難免。

我和巴士尾班車的「截龍」牌合照

尾班新巴970X線開出前，巴士迷在路口等候出車

所有尾班970X線抵達香港仔，巴士迷們留下拍攝

這幾年，爲了更能感受交通迷追車，我還參與了：新巴796C線（清水灣半島－蘇屋）和城巴797M線的告別；初代「金巴」富豪超級奧林比安（Volvo Super Olympian）的告別；第二代輕鐵的告別；港鐵新車「Q train」鐵路迷體驗日；「黃頭」火車被拖到舊紅磡站準備展示……

試過有駕駛村巴的鐵路迷駕駛一部旅遊巴，以比鐵路更快的速度，接載大家從火炭到紅磡影火車，也試過感到疲累而放棄追車……

只能說做一個要「追車」的交通迷，眞的不容易。

「黃頭」火車被拖到舊紅磡站準備展示

ASV100的送別人潮（上及中）

初代「金巴」富豪超級奧林比安（ASV100）退役，巴士迷爲車輛仔細紀錄

不能吃的「牛河」

交通迷有一套術語。他們常常說的「牛河」，不是大眾認知的乾炒牛河，而是「遊車河」。香港專營巴士不能租用，但巴士公司有非專利部門，巴士迷可向私人巴士公司租用車輛「牛河」。有時，巴士公司會把即將退役的巴士型號轉移至非專利部，巴士迷會特意租用，感受它最後一次的震動和引擎聲。

最經典是2019年，巴士迷租用即將退役的經典車款Neoplan Centroliner「牛河」，途經新屋嶺附近，被警察重重包圍，懷疑是否有人駕巴士劫獄（新屋嶺扣留中心）。

各巴士公司也有開篷巴士租用。自2012年起，坐熱狗巴士吹風已不容易，開篷巴士的設計，三百六十度全天候視野，不只巴士迷，在大眾之間也受歡迎。事實上，乘坐開篷巴士一般被認為是遊客的事，對香港人而言，反而非常新鮮。

我曾經在藝術發展局黃竹坑新展覽場地的開幕展覽中，創作了兩條巴士路線「牛河」，參與的大部分都不是巴士迷。後來，我再搞了幾次「牛河」活動，包括復刻取消多年、非常古老的九巴70號和50號（佐敦道碼頭－元朗東），參與的都是緬懷大埔公路和青山公路吹風的人。

不只巴士，輕鐵也可以「牛河」。 早年有不少人租用輕鐵，當作婚禮花車。

第二代輕鐵告別，有鐵路迷租用了即將退役的列車「牛河」，我也獲邀成爲座上客。當日早上9時，我們在屯門碼頭上車，輕鐵在屯門繞了幾個圈，進入了全港最神秘的「秘境車站」洪天路緊急月台——這月台僅供緊急使用，平日緊閉，這是可遇不可求的體驗。

車長還特意播放不少難以在日常聽到的廣播錄音，例如車輛故障、臨時調動等。鐵路迷們紛紛舉起電話貼近廣播系統錄音——只是習慣中午才起床的我，已在「牛河」中途睡着……

70號復刻之旅

不只是巴士迷，不少香港人也喜歡坐開篷巴士遊車河

輕鐵遊車河團（Oggy Hui 攝）

香港「秘境」車站：洪天路緊急月台（Oggy Hui 攝）

DO NOT
WHILST
SV60
JUMBO
BUS
2021 May 五月
Mon Tue Wed Thu Fri Sat
1
2 3 4 5 6 7 8
9 10 11 12 13 14 15
16 17 18 19 20 21 22
23/30 24/31 25 26 27 28 29

5

回頭已是百年身——保留歷史車輛

閱讀難度 ▪▪▪▪▪

回頭已是百年身
——保留歷史車輛

5

歷年來，巴士公司都會把退役巴士轉贈學校或慈善機構，而公司內部也會把少量有紀念價值的巴士保留。

社交媒體不時看見在非洲的大埔紅Van，引起大家的熱議。其實，香港巴士退役後，常常被運至外地繼續服役，也有些被香港人買下，作家居和貨倉之用，兩者都是延續其工具生命。但是，有人會私人把退役巴士原汁原味地保留嗎？留來又有什麼用？

交通迷可以擁有一部巴士或鐵路車廂嗎？
政府缺乏交通保育政策，交通迷又做了什麼保存歷史？
保存一部古董車涉及的費用如何？又會遇到什麼法律限制、技術和人事問題？
外國如何保育公共交通？
交通迷旅遊時，如何在世界「尋找退役車」？

在消防車上烤肉的人

先說一個故事。

新界某地深山之中，幾乎伸手不見五指，一個完全陌生而空曠的地方。我跟同行的E說，一旦有任何不對勁，拔腿就跑。

車場兩旁盡是巨型貨櫃車，車架和拖頭分離，形成兩堵高牆，旁邊微弱的街燈也被完全阻擋，幸好是月圓夜亮，否則我連E的身影都看不見。

這個郊外的爛地停車場，地上滿是碎石，每行一步都是䠋礫綷嘞的聲音，像是防範刺客的裝置，我們就是行蹤敗露的忍者。好不容易從貨櫃森林中找到幾部舊巴士——在巴士陣中，隱約見到上層玻璃窗上透出光線。趨前幾步，隱約看見煙霧，還有烤肉味——相信我們要找的人就在這裏。

原來有幾個人在巴士後的一部消防車上生火燒烤，看來有點滑稽。

事情是這樣。最近，我跟幾個人夾份買了一部歐洲大馬力的雙門車，雖然是二手，但新車落地時，也要三百萬。買車本來豐儉由人，但香港的停車場費和油價均在世界前列，這是車價以外無止境的使費。例如，二手「波子」（保時捷）車價可以是幾萬元——車主不一定很有錢，但一定很願意花錢。又例如，我這窮人發現了這個事實後，也決定充一充「大頭鬼」，一圓歐洲雙門車之夢。當我以爲這樣向朋友介紹新車，自會引來「法拉利？林寶？麥拿倫？可唔可以帶我上大山走一轉」的哄動，他們彷彿看穿我，問我是熱狗還是冷氣巴……

夾份買車的朋友，不只全部沒有巴士牌，還是連考普通私家車牌也未有資格的中學生。每次這部巴士要移動，就要找我這個巴士新牌仔。這幾個中學生車友來到車上，只能把玩他們唯一能控制的——冷氣。可能天氣太熱，他們竟毫不節制地燒光燃油。晚上，他們打給我：「喂，得唔得閒幫手𢳂車？我哋部巴士塞住咗個出口。」

當我坐了一個小時車，差不多到達車場時，他們補了一個電話給我：「啊，唔記得講，部巴士無油㗎。」

「吓？無油咁點褪車？」

「你搵車場阿X仔哥啦，佢搞得掂㗎啦。」

我爬上這部用來燒烤的退役泵車，四個人看着我笑：「嚟咗啦？」只見泵車車頂的鐵梯，繞着深水埗鴨寮街閃閃發光的LED燈飾，還有車頂的紅色閃燈，變成了Disco的彩色轉燈——這幾乎是整個車場的唯一光源。還有一個小烤爐，擺着牛扒、雞翼、腸仔，車台上滿地汽水。

包着頭巾的「首領」從車台跳到一部小巴車頂，再跳到一部私家車頂，一臉自豪的回頭說：「唔洗望啦，呢幾部車全部都係我㗎，係咪入油啊？跳過嚟我車你哋去啦。」他就是阿X仔哥，有點像頭文字D的須藤京一：「我唔會輸俾同一部消防車，Twice。」

有須藤京一，就有JDM，即是有日本跑車坐，而且還是郊外賽道，不錯不錯。停車場裏原來真的停了一部Honda S2000，還有「掃把佬」（Subaru）。京一純熟地打開貨櫃，拿出幾個巨型金屬桶，叫我和E搬上他的Honda S2000——旁邊的一部富豪奧林比安巴士。下一秒，我和E就坐上一部退役多年的初代冷氣巴，又五分鐘後，我們到達油站——京一打開巴士落車門，叫油站職員把兩個金屬桶入滿。坦白講，三十幾年來我都沒見過燃油，每次入油，油槍都是直接插入油缸。原來油渣有點像啤酒，面頭還有泡泡——這杯啤酒，盛惠五千。

回到車場，另外幾個燒完雞翼的車場朋友已為我們準備電泵。幾個人把油渣搬到我們的巴士油箱前，先抽一根煙，把煙頭彈到後面貨櫃車旁——入油時，有明火是非常危險的事。他們叫我在煙頭位置撒一泡尿，以策安全。這個車場的巴士沒有被燒，大概值得為我立一個布魯塞爾尿尿小童像。

入油後，阿X仔哥滿意地望着我們的車：「喂，借嚟玩吓？」——我們「怒劈」了一轉，他教我如何把巴士發揮得最好、如何入隧道高速通過收費亭、如何在沒人幫助下，在黑夜泊好一部12米巴士。後來我才知道，剛才整個車場裏，只有我一個擁有巴士牌……

（由於要保護退役巴士及車主，以上文字由綜合幾個故事改編。）

必須消失的車，力挽狂瀾的人

購買退役巴士，行內人稱爲「留車」。近年，不少巴士迷都會「留車」，有些巴士像明星一般，經常在不同場合被展示、與不同公司做商業合作，甚至拍電影、拍MV。2023年，環球唱片推出張國榮翻唱的《最愛是誰》，MV就在一部退役後被保留的丹尼士巨龍拍攝。Netflix 劇集《王冠》（*The Crown*）第五季，就有一輛在英國由Dave Rogers保存的利蘭奧林比安（城巴152號）。

巴士迷「留車」這回事歷史悠久。早在1979年，當時在運輸署任職，負責引入香港最流行，也就是現今標準三軸巴士的Mr. Shearman，曾建議九巴把最早期雙層巴士丹拿A型保存。這巴士曾多次在活動中展出，成爲九巴「公關」之一。Mr. Shearman於1987年退休回英後，也把一架麗晶五型（AEC Regent MkV）運回英國收藏。

在八十年代，香港曾出現保育巴士界的傳奇人物。

必達巴士傳奇

早期較知名的「留車」人士，是一位綽號「必達劉」的巴士迷，他本就是巴士業界的傳奇——劉先生曾經在幾間巴士公司工作，輾轉間在八十年代末創立了「必達巴士公司」。當時，劉先生本代表雅高巴士公司，與廣州市政府商量開展巴士服務。然而，當時廣州不接受外資，折衷的合作方法是由雅高免費向廣州市提供巴士，並在車上賣廣告：廣州市賺取車資，雅高收取廣告收益，這無異於免費提供流動廣告板，收益也容易被廣告公司控制。於是，雅高拒絕合作，劉先生對此卻相當有興趣，遂自行成立公司與廣州商討——剛巧英國的捷達巴士（Stagecoach，後來嘗試在香港經營業務，更曾收購城巴）也有興趣，購入五成股權，讓必達大展拳腳。

必達巴士在1988年2月註冊，並開始向廣州提供巴士。巴士的來源是九巴招標出售的退役車——必達把購置而來的巴士駛到粉嶺坪輋，先進行維修、改裝，其中一個改裝重點是，爲了遷就中國的左軚道路，在巴士右邊的車身打開一扇門（香港本在左邊上落）。當必達進軍中國，不論大陸與香港的民衆都非常好奇——雙層巴士終於在中國大陸大地上行走了！後來，必達的業務遍佈中國，不少香港巴士，如丹拿CVG6、珍寶都在中國渡過最後歲月。這些巴士很多都抹上「Mild Seven 萬事發」香煙廣告，來到廣州後更有歡迎儀式，車頭寫着：「香港同胞贈送，雙層巴士剪綵。」

必達的股東捷達也開始涉足非洲巴士業務，曾把一批「長牛」（丹拿CVG）運到馬拉維。可惜，必達在爭取1992年的港島巴士專營權時敗給城巴，後又有官非纏身，生意無以爲繼，只能關門大吉。最後在香港剩餘的幾部退役巴士，大多被拆毀，也有小部分輾轉留在其他人手上。當中「4212」丹拿巴士在多次易手後重回九巴手上，至2023年，這部巴士在九巴九十周年的一連串巴士廠開放日被展示，復修程度相當高。

私人保育風潮

香港現時有幾部車齡四十年以上，相當古老的退役巴士獲巴士迷私人保育。這些巴士退役後大部分先由原公司或其他機構保留一段時間，才成爲巴士迷的私人珍藏。

前九巴「平頂寶」退役後，曾捐贈予香港幼兒教育及服務聯會，成爲「大自然巴士」，並於1993年4月在維園舉行的「第七屆兒童月」再次亮相。我小時候不時在活動中看見這部巴士，印象非常深刻：這部七十年代服役的熱狗巴士，竟然被巴士公司在車尾安裝三部家用窗口式冷氣，後來又被廢棄在大埔滘，幾年後得有心人Sam收留，重新改裝至七十年代模樣。

「平頂寶」的近親中巴丹拿珍寶（SF15），在港島巴士專營權轉至新巴後，被改爲「員工溝通巴士」：換上舒適座椅，上層車頭也增建一間小房。巴士穿梭不同巴士站，希望員工能在更自在的空間交流意見。後來，巴士停泊在柴灣車廠，幸得有心人Siky購入，重新還原車身回七十年代外觀。

現存最古老的私人保育巴士——中巴「白水箱」（Tilling-Stevens "Express"），四十年代生產，六十年代退役。它與大部分退役巴士命運一樣，被改爲訓練巴士、茶水間，又曾售予其他公司作寫字樓。七十年代，當時仍然在中巴工作、後來成爲城巴董事經理李日新購回這架中巴，並找木匠修復成四十年代模樣。除出席活動外，這架巴士長期停泊在柴灣車廠。柴灣車廠於2019年重建，此車售予Island Vintage Bus作保育。

還是「大自然巴士」的「平頂寶」（Sam 提供）

Sam 重新修復的「平頂寶」（Sam 提供）

Silky 保留的前中巴／新巴珍寶巴士

九十年代初，中巴白水箱巴士（右）與當時較新的兩部空調巴士在北角車廠合照。此車廠當時拆卸在即，地皮於1995年重建成港運城（Steven Li父親攝）

白水箱的內部（Steven Li父親攝）

以上的例子，皆是必達巴士沒落以後，私人保育風潮下的成功案例。千禧年代初，部分巴士迷開始較有規模及系統地保育巴士：他們從巴士公司的退役巴士中投標——由於這些巴士都是新近退役，外表自然與一般在街上行駛的巴士毫無分別。但對於保育者而言，這些巴士從他們退役的第一天起就要計劃保存。而我們在街上看見一些會令人「哇！」聲大叫，又或能回頭一看，說聲「好耐無見」的，肯定花費了保育者最少十年的心血。

如何保留一部退役巴士？

如果有人問：如何開始保育一部巴士？有什麼條件？

「錢。」

購買一部退役巴士其實比想像中簡單，有錢就可以。以九巴爲例，一年總有一、兩次公開招標。在九巴App的「網上購物」一頁，除了有「巴士玩具」、「巴士模型」等，同時有「退役巴士」一欄。這些退役巴士，理論上是像爛銅爛鐵般在廢車場等待拆毀。

這些退役巴士不能重新出牌，像一般汽車自由地在公路上行駛。中標後，賣家只能在指定車廠，召喚拖車拖走巴士。還有另一購買途徑，就是直接去巴士廢車場碰碰運氣，邏輯是這些巴士正在等待清拆，我想買回來自己處理，所以直接向廢車場購買，然後整部拖走。

當然，買車難，養車更難。找停車場、維修、保養都是重要考慮。

地盤意識與朋黨——超越物理的停泊考慮

退役巴士不是一般的車輛，比一般私家車長兩、三倍，還有極高車身。停泊車輛附近需要有空間進行維修，抹油等工作，只有深山郊野中的「爛地」停車場才能容納。這些車場最好地方隱蔽、保安嚴密、封閉管理。有些不良巴士迷會覬覦巴士的部件，也有好奇的遊人街坊無意地拍攝，流出巴士的收藏地點而衍生保安問題。最好的解決方法，就是一班志同道合的朋友，把巴士停泊在相同的車場，以便監察，互相幫助。

有些巴士迷在新界找到「爛地場」，向業主承包了整塊土地，再以「二房東」的身分分租給退役巴士收藏者。巴士迷界一般稱「二房東」爲「場主」——一班人在車場內交流、維修、互相分享保育成果，看似美事，其實暗湧甚多。

若無爭執，車場本應是一個好地方。一班人週末一同清潔巴士、研究機械、技術交流；或是談天說地、吃喝玩樂。但在「留車」界，更多是聽到有人爭執、翻臉，甚至互相破壞對方的巴士：某君選擇把新買的車放在某個場地，成爲某「場主」的黨羽，即是與同場那個「麻煩人」是一夥；然後某君又把自己的車轉去另一個場地停泊，被視作反叛……作爲外人看這件事，總覺得有點像黑社會的操作，也曾經令我非常疑惑：如果我把私家車停泊在新城市廣場，我會被視爲新鴻基郭氏兄弟的黨羽嗎？李嘉誠應該恨我嗎？或者，當同場泊了一個惡名昭彰的馬路炸彈，我是否也同流合污？

最初，我對這種車場文化不甚理解，選擇哪一個「場主」，就像參與了一個組織，某程度上認同「場主」的價值觀。所以，轉場如同轉會，遠遠不只是改變泊車地點，影響的是人際關係。當然，「場主」也有困局，他承包了整個場地，一旦有人離開，甚至有一班人集體離開，租金往往就落在「場主」身上。或是有巴士遺失零件、損壞，車主之間又會互相猜疑；又或者「場主」認爲場內巴士需要調度，擅自移動其他租客的巴士，引起租客則不滿……以上種種，都是爭執的導火線。

廢車場與巴士醫生

解決了車場，維修又是另一個頭痛的問題。

巴士不是普通車輛，退役巴士的零件絕對不容易尋找。如果是近期退役的巴士，在廢車場也許還能找到同款零件，而熟悉機械的收藏家更能自己動手維修。爲了延續巴士的生命，部分巴士收藏家，甚至進入巴士廢車場工作：有機會親手拆車，懂得拆，懂得裝，是維修最基本的學問。「近水流台」，尋找機件也方便得多。

當然，不是所有巴士都能在廢車場找到合用的零件或技術支援。例如，前九巴的Neoman A34（車隊編號：APM1），服役時已有「廠長」的花名，意指經常壞車泊廠，維修保養困難——這款車全港只有一架，以致招標時，沒有巴士迷有勇氣保留。前文提及的幾部車齡超過五十年的巴士，因零件稀缺，保養維修就更令人頭痛。

我在2021年參觀過中巴丹拿珍寶（SF15）主人Siky的私人車場。除了興奮地與巴士拍照、參觀，還問了一些機械問題。Siky毫無保留地逐一講解，甚至打開引擎蓋，向我展示運作原理。

這架丹拿珍寶是極少在退役後的保育時期，仍然擁有俗稱「牌簿」的車輛登記文件的巴士。簡單而言，幾乎所有退役巴士都不能在馬路上持牌行駛，唯獨Siky 的丹拿珍寶能用真實車牌，自由地出車。因此，這部巴士不只能運作，還要每年經過把關極嚴格的運輸署驗車，才能續牌。面對零件短缺，只能全球搜購——若遍尋不獲，便要自行鑄造。要過這一關，已不只是機械維修，而是創造的力量，還有處理官僚文件的能力。

另一位「平頂寶」的車主Sam，從事銀行業，本來就不是機械專家。整個修復過程都是無盡的學習，除了尋找一班年長、有維修「平頂寶」經驗的師傅幫忙外，還要尋找巴士設計圖。找到設計圖，才發現量度單位竟是英制，也增加了修復的困難：現在如何找尋英制量度的零件？度量衡的分別，足以令部件大小計算出現麻煩，應該堅持還是犧牲？若堅持英制，可能會復修無期；還是犧牲一點原汁原味改用公制零件呢？這都是車主需要考慮的問題。

出車與商業活動——賺錢與使錢

「留車」是一種「燒錢」活動。除了車價、停車場租金、油費和維修費用外，每一次出車，也都要付一個試車牌照（俗稱「T牌」）的費用。

除了上段提及的那架SF15能自由地使用正式牌照出車，其他退役巴士由於不是政府登記下的「車輛」；每次需要從車房掛上試車牌，才能出車。「T牌」原意是方便車房爲未登記車輛作機械測試之用，而巴士用「T牌」出車，則要事先通知運輸署行車路線，每次有效期爲二十四小時，並需要一筆行政費用。因此，以「T牌」出車的巴士迷，大多用盡時間，輪流在巴士玩二十四小時。值得一提是，不論是有牌的SF15，還是其他退役巴士，根據法例最高載客量爲兩人。

既然每一個動作都是錢，有沒有用巴士賺錢的方法，以幫補支出？有些比較有名、保留時間長而質素較好的巴士會借予商業活動，或影視拍攝，但大部分都是純粹「燒錢」。即使保育巴士能參與商業活動，被製成巴士模型出售，或在網上眾籌，都無可能達至收支平衡。

以下圖表，是將比較一部私家車，及一部古董巴士的使用及保養成本：

	普通私家車
車價	視乎車款
停車場	月租約三千二百元 （2004年，新市鎮區域）
臨時牌照成本	沒有
一缸汽油價錢	九百五十元 （以一部五門，五年車齡生產SUV計算）
所需牌照	1（私家車）
乘客	一至七人 （視乎車款，司機不計算在內）
維修	原廠保養或車房

古董巴士

約八萬元（2022年，從巴士公司直接購入）

月租約三千元

（2024年，新界偏遠地區）

每次約一千七百元（2024），而且有法律灰色地帶風險

約七千四百元（以一部12米，二十年車齡雙層古董巴士計算）

9（私家巴士）；10（公共巴士）；或18（中型貨車）

兩人

自行學習維修；專業人士協助；可能無零件可用。

從新界到世界——退役巴士的最後時光

世界不少地方都有保留古董公共交通車輛及設施，不少國家更因不同原因，保育了香港的舊車。上文提到，有的退役巴士在當地被保留、荒廢，也有些巴士，像必達轉手後，把巴士運往世界另一角落。當有部分收藏家移民，或巴士被海外博物館收藏，在世界各地找尋香港退役巴士，成爲一些交通迷旅遊的重要任務。

南韓一直保存不少香港退役巴士。作爲一個左駕行駛，也早是已發展國家，地緣上跟香港也不相近，韓國人看似沒有購買香港退役巴士的理由。可是，曾存在於韓國的香港退役巴士數量不少，款式之多也教人驚訝。

出現在韓國的香港巴士，大多是八十年代投入服務、2000年代退役的款式，被用作咖啡室、活動室。Google 登陸韓國時，就用了一部香港巴士作體驗室，後也曾在活動中成爲圖書館、畫室。2012年，我跟一間藝術機構往韓國考察，意外地在Heyri藝術村找到一部已退役幾年的丹尼士巨龍，用途不明。

蔚山的구산캠핑장（九山露營地）是一個海邊營地，東臨日本海。這營地似乎對雙層巴士情有獨鍾，幾部香港巴士也曾成爲客房，可惜其中一部利蘭奧林比安在2021年遭遇火災被焚毀。我在藝術村曾發現的那部巨龍，早前也轉移至這個營地。

Hcyri藝術村的丹尼士巨龍

另外，英國作爲大部分香港巴士的原產地，而且同爲右軚駕駛，很多退役巴士都回到英國，投入校巴行列，或變成餐廳，甚至繼續客運使命。有些巴士被當地人或香港人收藏，也有巴士迷移民或回英國後，把巴士運往當地保存，如前述的Mr. Shearman便是一個例子。

第一章也提及過，英國有一項傳統叫「巴士大集會」，退役巴士可在街上行駛和載客出席活動，是動態保存的典範。巴士大集會除了讓市民認識古董巴士，還有分享會，以及出售巴士模型精品、舊雜誌。英國也有民間發起的保育巴士組織，使巴士更集中、有效地「頤養天年」。 不少香港退役巴士，受惠於英國保育古董車的文化，在博物館並在專人打理下，在當地健康地延續「生命」。

澳洲也是右軚駕駛的國家，有退役巴士在澳洲成爲觀光巴士，也有居澳的香港巴士迷，把收藏品運到當地。在澳洲，車齡三十年以上的巴士，可以申請古董車牌，並能在路上行駛。

這些巴士在離散後得以保存，除了有心人出錢出力，也有賴政府政策的推動。交通工具的保存，最好當然繼續在路面行駛。所謂1:1模型的靜態保存，只是權宜之計。

另外，有些巴士型號曾在香港隨處可見，最後一部也無法在香港保留，只能在相片中回顧，實在可惜。

集體保育的成果——伯明翰 Wythall 交通博物館

早在上世紀六十年代，英國伯明翰已有私人保育巴士的先例，由於當時政策不友善，加上收藏者也因經濟問題、移居，或對巴士失去興趣，最終把保育的舊巴士報廢。這種會因車主個人問題而中斷的「保育」，令人遺憾。

七十年代，伯明翰成立巴士保護協會，並發展爲慈善組織，成功延續了巴士保育，一些退役消防車、貨車也被妥善保存。這組織漸漸成長，成爲了 The Transport Museum Wythall，肩負起大伯明翰地區汽車工業保育的責任。

每年7月到11月初，博物館每週都會開放數天，某些日子更有大型活動，以退役巴士接載參觀者；同時，場內可觀看技工即場維修巴士，也有工作人員隨時解答問題。參觀那天，我在Wythall交通博物館欣賞着一部在三十年代生產，外表簇新的古董巴士AEC Regent 661，白髮蒼蒼的博物館義工對我說：「我二十幾歲時，在禧福郡（Herefordshire）發現了這部巴士被廢棄在草坪。我趨前查看，裏面走出一羣惡狗，還有一個持槍的老人。後來，他女兒對我說，待老人死後，巴士就送給我。他的女兒果然

Wythall交通博物館

守諾，在七十年代把巴士贈給我們協會。經過四十年的籌款、五年的努力，終於把巴士修復成現在的模樣。」

Wythall交通博物館也曾經爲瑞典巴士製造商紳佳（Scania）修復一部古董巴士，紳佳則協助博物館興建一座新展覽館作回報。這展覽館除了巴士，還收藏了英國中部曾經盛產的電動貨車。這些小小的退役牛奶車、汽水車、報紙車在此找到安身之所。

值得一提的是，伯明翰所在的西密德蘭（West Midlands）與香港其實淵源甚大。很多香港的巴士、鐵路車廂如都城嘉慕、丹拿，都源於西密德蘭。所以博物館中總能看到香港同款巴士的身影。博物館紀念品店的義工得悉我從香港來，也非常熱情。我們談到香港公共交通的種種轉變，也交流了兩地交通保育的困難。有一個擔憂我不敢去細想，博物館的義工很多都上了年紀，連中年人都不多見。回家在Facebook看英國巴士羣組，往往是看見訃告，In loving memories of 誰誰誰。似乎大家面對的問題，比想像的更多。

AEC Regent 661被發現時的狀態

經Wythall交通博物館修復後的 AEC Regent 661

鐵路是否無法收藏？

收藏退役巴士的巴士迷愈來愈多，但香港有沒有鐵路迷保留退役鐵路？暫時沒有。

一位不願具名的鐵路迷朋友，曾在新界找到一塊地，打算與港鐵磋商，把一卡舊列車運往空地保存，光是運費就要花上十幾萬元以上（2022年價錢），還未計算車價和其他潛在費用，只好放棄。

相對巴士，全球的退役鐵路收藏都非常依賴官方與博物館。始終，鐵路的體積、相關系統，以至路軌等都不是私人收藏家能夠負擔。

現時鐵路車體的私人保育（其實稱不上保育），只有散件式的收藏，如港鐵曾出售「烏蠅頭」列車的扶手環、鐵路模型店「咔好」也保留了車身外殼和車門。那麼，世界上有沒有整列火車，甚至整條鐵路的私人保育？

在英國，現存的蒸汽火車有數百部。博物館及鐵路公司保育當然佔了一部分，但也不乏私人保育，甚至是整條蒸汽鐵路線的動態保育，而不是靜態的1:1鐵路模型。

塞文河谷鐵路（Severn Valley Railway）就是其中一個例子。鐵路始建於1858年，二戰後由於客量減少，一直打算停運，最終在1963年停止客運服務，及後由居民及鐵路迷成立公司，保存及保育鐵路，成爲觀光路線。從伯明翰市中心的Moor Street出發，乘四十五分鐘火車到達基德明斯特（Kidderminster），就會看見一座蒸汽火車站：站內有一個小小的博物館和市集。整條鐵路的車站也可上落客，站內又有機車倉庫、餐廳、瞭望台等。這條私人保育的鐵路，成爲英國中部一個著名旅遊景點，而帶來遊客就是帶來經濟和活力，鐵路範圍內的村落都因此而受惠。

六十至八十年代，英國國鐵淘汰了大量員工，他們帶着技術恢復了一些被廢棄的路線，這些廢線變成觀光鐵路後，振興了沿線經濟，也創造就業機會，不少旅館、餐廳、酒吧因而開業。中部地區的大中央鐵路（Great Central Railway）每年更會舉行二戰重演活動「1940's Wartime Weekend」，模仿德軍及英軍戰鬥。這些觀光鐵路在英國有數十條之多。

這讓我想起日本的越後妻有大地藝術祭、瀨戶內藝術祭等，希望把遊客和就業機會帶回鄉鎮，遊客既可觀看藝術，也可把十日町、津南這些小鎮名字帶向世界；年輕一代也不會只外流向東京、大阪、名古屋等大城市，也因就業機會而返回小鎮。這種注入新生命、新意義的做法，才能讓地區眞正持續發展，繼續有養分活下去。

塞文河谷鐵路經保育後成爲觀光路線

塞文河谷鐵路動態保留蒸汽及柴油機車

THE
KIDDERMINSTER
VENTURER

6

從北歐慢電視到街頭毆鬥——交通錄像與攝影

閱讀難度

從北歐慢電視到街頭毆鬥——交通錄像與攝影

當網絡尚未發達，巴士專門店中總有一疊疊相簿，擺放着供交通迷購買的巴士照片；現在網絡上隨處可見不同的交通攝影，甚至有一套拍攝的美學準則，不容質疑。

大衆對交通攝影未必陌生，偶爾在一些地點，看見連羣結隊的交通迷拿着相機等待，拍攝巴士，到底他們在拍什麼？
拍攝交通工具有什麼不同面向？對大衆有用嗎？
交通迷拍攝時有爭執，他們在爭論什麼？這種爭執只在香港發生嗎？

錄像——從卑爾根出發

1964年，安迪·華荷（Andy Warhol）拍了一套實驗電影 *Sleep*——全長五小時二十分鐘，只有幾個定鏡拍攝着伴侶約翰·吉奧諾（John Giorno）睡覺的片段。為何安迪·華荷會拍攝如此「沒有內容」的電影？

在流行工業中，時間通常是限制因素：電影需要在有限時間內完成敘事；流行音樂也因電台播放時限發展出快速進入副歌的曲式。安迪·華荷的嘗試，正是為電影形式破格；類近的拍攝方式，也曾出現在香港，如1993年亞洲電視於凌晨休台時段直播魚缸，起名為《魚樂無窮》。在影視資訊開始爆炸的2009年，挪威廣播公司NRK 在晚上7時55分播放挪威鐵路從卑爾根（Bergen）到奧斯陸（Oslo）全長七個多小時的影片，出奇高的收視率成為慢電視（Slow TV）的早期重要案例，也是交通實時影片在公共廣播世界的先驅。

隨着網上影片分享平台出現，解放了時間的限制，更多的交通影片陸續出現。交通迷非常重視各式各樣的紀錄，背後動機無論是純粹的愛、滿足「儲存」的心理，抑或是保存歷史，這些行都為交通歷史留下見證。

在YouTube，我們不難找到不同類型的交通影片，例如從倫敦到珀斯，全程十七小時的飛行紀錄片：鏡頭一直對着窗外，真正有「內容」的只有起飛前在停機坪滑行至跑道，至進入雲層的五十分鐘，接着全都是雲、雲，還有雲。飛機向東南方向飛，窗外漸漸剩下一片靜謐夜空，最後連雲都看不見——全黑的畫面只剩下翼尖的航行燈。飛機引擎的聲音、機長和服務員間中的廣播，告訴觀衆影片仍一直錄影，這裏是機艙。日出了，但窗外一直到十六個小時五十分鐘，才看見西澳郊外的小屋和農田，最後停在停機坪。很悶吧？但影片從2018年上載六年，已有七十五萬人次觀看，一千七百個留言。而這些持續的引擎聲音，其實是交通迷的ASMR（自發性感官經絡反應），一種用作紓壓的聲音。

另外，日本鐵路非常發達，線路覆蓋全國各地，JR、私鐵、地鐵、路面電車……當然，還有新幹線。這一切都爲日本鐵路迷文化帶來豐富的資源，有日本鐵路迷把所有路線記錄下來，並把影片上載至YouTube。由於日本列車的車頭多以玻璃分隔車廂與控制室，乘客往往可以從車內觀察車長駕駛和前方景象，因此影片通常分爲「前面展望」（類似車Cam片的前方景象）和「車窓」（車窗景象）。這些影片一般有三至五小時的長度，持續有不同景物略過，也呈現了日本不同的地理，以至當日的天氣。鐵路資源同樣豐富的英國，也有不少這樣的行車紀錄。

有趣的是，觀看這些影片的不一定是交通迷，一般市民可能當是「背景播放」，而非「專心觀看」。 疫情時期，不少朋友把這些飛機、鐵路影片當成無法旅行的安慰劑，聽到熟悉的廣播詞：「まもなく、一番線に東京方面行きの電車がまいります」就當置身日本了。

日本扭蛋店把廣播製成產品出售

交通意外與社會運動

至於巴士路線的行車影片，幾乎每一條路線都可以在YouTube找到。專爲巴士線拍片的巴士迷，被稱爲「行車紀錄員」，綽號「行紀」。這些「行紀」有些配備基本「車Cam」，可固定於上層拍攝，但更多人只憑一部簡單的智能電話，一塊寶貼（Blu Tack），把電話黏在上層擋風玻璃上，即可開拍。

最基本的一種「行紀」，是對路線單純的紀錄，對車款的關注相對較少。「行紀」多在新線開辦、路線修改或取消時出現——這些日子，大量巴士迷爭搶拍攝位置，不時發生衝突。曾有一些「不良行紀」因不滿自己未能佔有最佳位置，竟在車上播放「大悲咒」，滋擾其他乘客；同時，也有不喜歡被攝錄行車狀況的車長，與「行紀」發生爭執。

YouTube中最早的行車紀錄是1995年九巴68號（廣東道－元朗）和中巴606號（小西灣－彩雲），記錄了平治和珍寶巴士的獨特引擎聲，還有熱狗時代，車身震動車窗時的啪啪啪啪聲。巴士走在九十年代的油尖旺、深水埗、荃灣、大西北、觀塘、柴灣街頭；經過已清拆的中巴柴灣車廠、農場餐廳、吉之島、八佰伴和銀都戲院。滄海桑田，葵涌道還未被三號幹線遮蓋，仍能看見天空，甚至隱約看見大帽山的山脈；屯門公路望向藍巴勒海峽不見汀九橋，濃霧中看見青馬大橋還在興建，只有兩支橋墩和橋纜，橋身還未從躉船吊上去。街上還有黃色頂，腰間抹上紅帶的小巴；勝利二型、都城嘉慕和利蘭奧林比安還在街道上奔馳。片段盡是九十年代錄影帶的質感和顏色，是一套非常整全的歷史紀錄。

九十年代擁有家用攝錄機的人不多，用來拍巴士片的更是少數，加上電量與錄影帶容量問題，完整的行車紀錄十分稀少。到了隨手拿起電話就能拍攝的年代，「行紀」才漸見流行。初時因爲YouTube影片長度限制 ，紀錄往往支離破碎；直到2010年代解除限制後，「行紀」漸漸覆蓋全港。現在每有新路線，幾個小時後就有「行紀」片段出爐。

這些直接拍攝巴士行車的影片，曾有意無意地記錄了不少社會事件和交通意外。2019年11月15日，新界東命脈吐露港公路、大埔公路及東鐵綫因反修例運動封閉，來往大埔的公共交通幾乎全部停駛停駛。當時，城巴一班從港島往大埔的307線（中環碼頭－大埔中心），沿線經大老山隧道後，繞道改經城門隧道、屯門公路、大欖隧道、新田公路，也就是圍着新界繞一個大圈才回到大埔，全程接近兩小時。那是反修例運動中堅持提供服務的重要例子，而這樣的行車里數和隧道費，就算全車滿座，都很可能虧本。剛有「行紀」紀錄，這段社會運動的側面歷史被紀錄下來。

無獨有偶，2021年6月20日，龍運新路線NA37（天水圍市中心－國泰城）改行新落成的屯赤隧道。當日清晨的首航班次，車長疑因不熟路，在天水圍洪天路右轉青山公路時駛進逆線。車長發現時立即扭軚調頭，結果車身攔腰掃向交通燈，清脆的玻璃碎裂聲在片段中清晰聽見。2022年8月13日，龍運巴士X1線（東涌站－機場博覽館）離開東涌總站時，撞向一部國泰員工接送巴士，也剛好被「行紀」拍下。

具公共性的紀錄 「一決雌雄」

「行紀」雖然是小眾興趣，實際卻能爲大衆所用。其中一種應用方法，是兩條巴士線的效率比較——在相同起點與終點，但行駛路線不同的條件下，評估哪一條巴士線更快。例如，46X（顯徑－美孚）和286X（顯徑－深水埗）同樣從沙田顯徑去美孚，究竟哪條路線更省時？

這種比較方法叫「一決雌雄」，通常由兩位「行紀」擬題，相約一天從相同地方出發，前往相同目的地，甚至會訂明在同一間店舖出發，約定以某個巴士站牌爲終點，過程一絲不苟。

除了基本路線比較，有時「一決雌雄」也會嘗試不同的轉車組合，甚至混合鐵路、渡輪、步行等，也會配合特定交通情況，例如香港仔隧道在繁忙時間經常擠塞，改搭南風道兜山的巴士線會否「除笨有精」？

「一決雌雄」不僅是出行參考，也常有出人意表的有趣結果。例如，「沙田交通關注組」曾拍了一條短片《沙田水泉澳去慈雲山北行路定搭車（83X轉3M）快？》，以遠足路線慈沙古道，迎戰巴士83X（水泉澳－觀塘碼頭）轉乘另一巴士3D（慈雲山中－觀塘裕民坊）的比拼，結果是行山比巴士快接近二十分鐘。

一般行車紀錄和「一決雌雄」影片不同，前者是單一影片，後者則由兩段行程影片剪輯而成。一般行車紀錄可以利用「環境聲」直出，「一決雌雄」則需要考慮背景音樂的問題。美國作曲人Kevin MacLeod的"Thatched Villagers"是「一決雌雄」常用的音樂——MacLeod創作了超過二千首創用CC（Creative Common）的作品，多是罐頭音樂，供網絡使用者免費使用。當然，有拍攝者不考慮版權問題，配上流行曲作背景音樂。

大音稀聲，在秋葉原尋找鐵路聲音

「你們懂得從引擎聲音猜到巴士／鐵路型號嗎？」這是交通迷常被問及的問題。

關於交通迷對引擎聲的敏銳，前文已述，在此不贅。交通迷視聲音如此重要，對聲音的紀錄自然相當講究。然而，記錄整全的行車聲音絕非易事，巴士和鐵路內聽聲音，就如置身樂器之中，前後左右都是發聲元件：引擎、廣播、抖動的玻璃、震動的結構；汽車的胎噪、路軌的摩擦聲、車卡接駁位之間的碰撞——聲音四方八面而來，層次不同，加上錄音裝置和播放工具多少會令聲音失真，聲音紀錄一直是艱難的挑戰，卻也因此讓交通迷躍躍欲試。

東京秋葉原的書泉書店五樓，是特別爲交通迷與軍事迷而設的一層，內裏全是有關交通的研究書籍與精品，尤以鐵路爲主。除了不難想像的時刻表、退役鐵路部件、模型、研究、相集外，店內還有一個CD架，寫着數以百計不同的日本鐵路路線，放着的是不同路線運行聲音的錄音。別以爲做鐵路聲音紀錄，就是簡簡單單開着錄音機然後坐一程車——聲音經常會被人聲、外在環境等影響而變得不夠純粹。可以想像的是，一段純粹的錄音，只能透過多次紀錄，大量剪輯；或是鐵路公司特別安排一班不載客列車，才能成功錄製。

這些聲音收集者不單在日本出現，網上也能找到倫敦、紐約地鐵的廣播聲音，香港也不例外。就如前述提及的巴士301線尾班車，車上的巴士迷本來相當雀躍，高聲談話。當巴士告別廣播響起時，巴士迷有默契地立刻肅靜，並把電話舉高至喇叭位置，把廣播錄起來，更專業的收集者更會用上Boom 等專業收音器材。而相似的情境，在東鐵綫MLR列車告別廣播播放時再次出現。

301線尾班車上的特別廣播，巴士迷立卽安靜，舉手錄音

另外一個有趣的例子，當屬輕鐵第二代列車告別前，不少鐵路迷租用了該輕鐵列車遊車河，車長也相當友善，按下不少平常難以聽到的特別廣播，例如列車故障、緊急疏散、臨時更改路線通知等。這些聲音原本是可遇不可求，現在卻能一次過搜集、輕易錄起，當然過癮。

其實，不僅僅是鐵路迷，許多人也對鐵路的聲音有着深刻感受。我外公就是其中之一，他非常愛國，當年常跟我媽說，坐火車到中國的聲音，像是「前程前程、前程前程」；回香港的火車聲，則像「笨X笨X 、笨X笨X」……

攝影——美麗的不期而遇，醜陋的街頭毆鬥

八、九十年代，家用相機開始普及，成爲家庭必備器材，而往後十多年剛好遇上香港交通歷史最有趣的年代。

九十年代的交通變化非常豐富：傳統形態的丹拿E型在1991年退役，白色車身的冷氣巴開始慢慢普及；及至1998年，「金巴」出現，低地台巴士成爲了標準。在鐵路方面，東涌綫和機場快綫出現；九鐵和地鐵列車翻新。同時，遇上了玫瑰園計劃（亦即「香港機場核心計劃」），龐大的基礎建設遍及整個香港西部，從中環到西九龍，延展到荃葵青，特別是大嶼山的變化非常快速。不少交通迷利用菲林機把巴士、鐵路，連同這些建設一同記錄下來。値得一提的是，初期的交通攝影多由巴士迷自發拍攝。

從菲林時代至數碼相機時代

關於巴士攝影，巴士模型店BusMe老闆堪富利就有這一段回憶：「爸爸買了一部單鏡反光相機給我。當年中巴有八大神獸（八部世界稀有的巴士車款），在早上出來打仗（支援繁忙時間服務），之後便回車廠。住在新界的我從來沒坐過，眞的很神心地一早出發。坐到港澳碼頭總站後，一個不認識的巴士迷跟我們說，有沒有興趣坐這巴士回柴灣車廠。結果，司機眞的載我們去了柴灣，這對我來說是很特別的經歷。當時我們沒有太多資訊，影巴士都是『靠估』，總會有驚喜。」

現在，網絡發達，不難找到巴士行蹤，反而沒有太多不期而遇的美麗。「以前到屯門拜山，順路到屯門巴士裝嵌廠，曾意外地拍到第一部低地台雙層巴士（丹尼士三叉戟）樣辦車」，也是一種巧合的美。

數碼相機在2000年代開始在香港普及，攝影產生了翻天覆地的變化。菲林時代，每按一下快門都經深思熟慮，咔嚓一聲，猶如銅板落地，但數碼攝影不只容量較大，質素不佳的作品也可即時刪除，自動拍攝（Auto mode）更對攝影者的技術要求大大降低。

問起堪富利，隨着攝影機技術從菲林走向數碼化，甚至手機化。社交媒體和網頁中隨便就能看到巴士圖片，實體相片還有什麼價值？「現在巴士實體相的銷路真的不理想，但仍然有存在價值，尤其菲林相記錄的是八、九十年代的歷史。不少巴士迷為了改裝當年的巴士車身廣告，就來找舊相片參考。」

到九十年代末，有關公共交通的網上討論區和私人網頁如雨後春筍般出現，許多巴士迷、鐵路迷和航空迷會在網上分享作品。街上愈來愈多交通迷帶着愈趨精良的裝備，拍攝巴士和鐵路，也引出不少關於「美感標準」的討論。

拍攝巴士的「完美姿態」

多年來，巴士迷們逐漸累積出一套共同的經驗法則：若要呈現巴士最「整體的形態」，影車時車頭與車身比例應控制為1:2.5。當然，一部車不計車底共有五面，左右車身的呈現是魚與熊掌，車頭似乎比車尾重要，於是出現了「標準相」構圖。

「標準相」的「門位」相片（鍾樂翹攝）

「標準相」的「梯位」相片（鍾樂翹攝）

有的巴士迷傾向追求質感（Adair 攝）

有些巴士迷對「標準相」有無盡的執著，認爲拍「標準相」才算好作品，又因不少巴士迷對「標準」奉如圭臬，在網絡中能搜尋的巴士相，絕大部分一式一樣。不只巴士，鐵路攝影也有近似的標準「大頭相」。

這些「標準」是否純粹的執著？打開汽車雜誌，大部分相片都與巴士「標準相」角度相近。拍攝跑車、轉角樓宇等立方體時，經常會用此方法。畢竟以一部汽車而言，其神粹本來就取決於車頭；車身則見長度、大小等。這種拍攝方法其實不無道理。

但在某些情況，風景的重要性很可能超越車輛本身，例如一個即將清拆的巴士總站，或一條即將改道的路線，巴士附近的環境便成爲主角。另外，有些突發事件，例如在街上看到「特見」，只能即時舉起電話記錄。即使構圖不佳，「鬆郁矇」都可接受。

有的巴士迷傾向追求城市景觀（Adair 攝）

撇除上述的例外狀況，「標準相」的機械式美學，是不少巴士迷主要追求的角度。他們常以「生命麵包」形容這種「完美姿態」。爲了更容易拍攝「生命麵包」，巴士迷常在一些指定位置駐留拍攝，人多時更有機會爭位。網上不時流傳街上的巴士迷爲搶佔拍攝位置做出滋擾行爲，如指罵途人、堵塞道路、干擾車長，甚至與其他巴士迷互相扭打……更過分的，有巴士迷直接干擾道路安全，爲避免拍攝視角被遮蔽而在行車線上擺放「雪糕筒」，使其他車輛無法經過巴士的左右；或利用「雪糕筒」，使巴士轉彎時幅度更大，姿態更美。

「香相」與「炒相」的謾罵與毆鬥

所謂「香相」、「炒相」，即是失敗攝影作品，原因衆多：當「人阻」或「車阻」發生（交通迷術語，意指因人或車經過而「香相」）就可能成爲即場衝突的導火線。

其中又以「人阻」（有人經過車輛附近，遮擋了交通迷的拍攝目標）最常見而引起最多紛爭。若對方是一般途人，可能招來部分不良巴士迷的辱罵；若同是交通迷，就可能出現更大的爭執。

馬場總站只在賽馬日提供巴士服務，巴士公司經常派出特別車輛服務散場路線，如即將退役的巴士、樣辦車等。2018年某個賽馬日，沙田馬場巴士總站一如以往地出現大量巴士迷。一名年輕巴士迷因阻擋他人拍攝，被另一巴士迷按下，繼而毆鬥。此事被各大報章報導，警方拘捕了一名巴士迷，案件列爲「襲擊致造成實際身體傷害」。

另外，當有其他車輛經過拍攝目標，也有機會導致「香相」。爲避免失敗，有的交通迷會堵塞車站，有的阻礙巴士進出車站，衝出馬路叫囂。除此之外，不良的街頭拍攝或多或少造成駕駛者與乘客的不安，特別是對他們直面使用閃光燈。

另一種「非人爲」的「香相」，是路線牌消失。巴士的目的地燈牌，在特定頻率中高速閃動，情況就像爲舊式電視拍照時，電視內的景象會扭曲甚至消失。所以，拍攝巴士、輕鐵時，不時會出現路線牌全黑的情況，導致「香相」。

鐵路迷的攝影也時有紛爭，尤其在月台上，空間和拍攝角度有限。如有其他鐵路迷在列車旁邊，更容易做成集體「香相」，有人就會大叫：「喂，唔好聞車啊」，諷刺一些鐵路迷靠近列車，就如用鼻「聞」車一樣。正因如此，一般交通迷拍攝時都有默契，不會站得太近，也會在有利位置儘快完成拍攝，讓出空間予其他人。

這些因拍攝而生的爭執，不只發生在香港，日本也曾因有路人經過引致「香相」，繼而觸發衝突。2021年，鎌倉江之電一部翻新古董電車在凌晨進行試運——這部列車正進行五年一度的定期檢查行駛，對鐵路迷來說，這是比世界盃和奧運更長的等待。大批年輕的鐵路迷晚上在片瀨海岸一丁目附近聚集，準備在彎路上拍攝電車轉彎的英姿。豈料，在電車出現時，一名外籍男士騎着單車與電車並排而行。

他顯然不知道發生什麼事，還跟在場鐵路迷揮手。等待了五年的鐵路迷自然極度憤怒，破口大罵，甚至高呼「賠錢」。 經過一輪爭執後，雖然大家和平散去，但外籍男士經營的墨西哥餐廳在Google被留下大量一星負面評價（後來，有人不齒鐵路迷行爲，反留下大量五星好評）。

外籍男表示他只是剛好經過，無意破壞這五年一遇。況且，爲何沒有鐵路迷負責指揮交通，防止此事發生？後來，有涉事鐵路迷跟外籍男道歉，而他也因此爆紅，得到了「江ノ電自転車ニキ」的稱號，墨西哥餐館大排長龍，更成爲了日本的網絡迷因（Memes）。

交通拍攝的倫理

其實對於鐵道攝影倫理的討論在日本行之有年，從1970年東海道本線的一次蒸汽機車特別運行可見一斑。當時，一名小學生鐵路迷未完全意識拍攝安全的重要性，因非法闖入路軌範圍拍攝而被撞死。該事件對日本的鐵道保護和拍攝規範產生了深遠影響，也促使鐵道愛好者和相關部門加強了安全意識。鐵路雜誌《鉄道ジャーナル》總編竹島紀元更表示，在日本社會足夠成熟前，不會再倡議保留蒸汽機車。

此後，日本鐵路公司逐步制定了更加嚴格的「追鐵」規則，強調拍攝者需保持安全距離。相比之下，其他亞洲國家如泰國、印尼等的規定則寬鬆許多。

英國的鐵道攝影也有一套詳細指導，英國國家鐵路（National Rail）官網設有專頁說明在車站內拍攝的指引，提醒攝影者要注意自己的安全、職員和其他乘客的便利性，並指出並非所有人都樂意被拍攝。這些指引在保護公共空間秩序的同時，也讓大眾有機會更理解鐵道攝影。

談到鐵道攝影的推廣和普及化，則不得不提日本Canon每年舉辦的「鉄道ファン・キヤノンフォトコンテスト」賽事，該賽事舉辦至今2024年已四十七屆。不僅鼓勵參賽者拍攝鐵道，更鼓勵捕捉人、天氣與

鐵道場景的互動，讓影像作品不僅限於鐵道，更展現豐富的故事和情感。隨着技術進步，Canon在2022年更推出R6 Mark II，透過學習演算法，快速自動辨識車輛、鐵路、飛機對焦，甚至能高速偵測駕駛室或駕駛艙。

這些技術的進步與拍攝規範的完善，不僅提高了鐵道攝影的安全性和專業性，也讓交通攝影有了被廣泛認識的可能性。

攝影地圖與資料搜集

在香港，受限於鐵道沿線和周邊環境，能夠拍攝鐵路的地點遠少於巴士——巴士隨街可拍，但鐵路攝影至少要選在露天路段才有可能捕捉到理想的畫面。在城市地方，常見的拍攝點包括月台、天橋和大廈，如觀塘站附近的月華街登山升降機頂層，常聚集許多鐵路迷拍攝列車進站瞬間。然而，更多理想的拍攝地點在郊外。由於一般的行山徑和道路未能提供最佳拍攝角度，不少鐵路迷、輪船迷、飛機迷都具備山藝知識，其中「爆林」（Bushwhacking）更成了基本技術。然而，就算有爬山技術和體能，也要避免捕獸夾等陷阱，抵着曝曬暴雨。正因如此，有鐵路迷在Google Map建立了「香港鐵路攝影地圖」，詳細記錄了全港鐵路，包括輕鐵和山頂纜車的各個攝影地點，且附有前往方法、前往難度、建議拍攝焦距等。

相比之下，巴士攝影的地點選擇較爲自由、靈活因而發展出專門的網頁，提供各間巴士公司的派車資訊，即「某一部巴士，今天將在某線出現」，讓巴士迷能提前掌握拍攝目標位置，如此精確的資訊，顯然是從巴士公司職員內部流出。其中有些拍攝熱點，如觀塘道近麗晶花園、各大露天巴士總站都常有拍攝者聚集。

但這種「愛好」在大眾中並不總是被理解。2023年春，一羣巴士迷在大埔超級城附近一段大埔太和路拍攝農曆新年特別路線63R（大埔墟站－林村許願樹）。該路段是六線行車的雙程路，時速限制七十公里。一羣巴士迷爲了在最佳角度拍攝，站出馬路中心。這情況被街坊拍下，旋即在社交平台瘋傳。警方接報驅趕，巴士迷轉移至行人天橋上拍攝。

幾日後，網上流出一段錄音：一家人坐巴士經過上述路段，看見行人天橋拍攝巴士的人羣，母親向兒子說：「橋上全部都係自閉症」、「好似姜濤咁，有乜好影？」——這段話揭示了交通攝影（甚至是任何公開展示於衆人眼前的愛好）在旁人眼中的「怪異」和不被理解。

交通攝影者遭受的歧視和敵意，或許與某些拍攝者的行爲密切相關。然而，這種偏見也反映出大衆對不同愛好的不理解。即使是最守規矩的攝影者，也可能因愛好不被理解而受到蔑視，特別是有部分不良交通迷使大衆印象更壞。

話說回來，當一些交通迷執著於「標準相」的構圖，獨愛擺拍般的生命麵包姿態，介意人、介意車，反而忽略了交通工具與環境的互動，忽視了公共交通本應是一件衆人之事——這種攝影方法，是否也多少侷限了交通迷與社會對話的更多可能性？

在觀塘站外月華街升降機塔拍攝的鐵路照片（Oggy Hui攝）

在觀塘站外月華街升降機塔拍攝的鐵路照片（Oggy Hui攝）

爭鮮 SUSHI EXPRESS
花園餐廳
大快活
大快活
LEMON

Northern line
and Me

MLB
WORLD TOUR
LONDON
SERIES
ST. LOUIS CARDINALS
VS
CHICAGO CUBS
JUNE 24 - 25, 2023
LONDON STADIUM
DON'T MISS OUT!
MLB.COM/LONDONSERIES
Central London Tube map

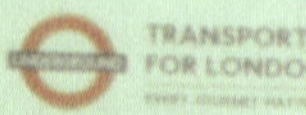
MAYOR
OF LONDON
TRANSPORT
FOR LONDON

7

他山之石——香港交通迷在世界

閱讀難度 ▮▮▮

他山之石——香港交通迷在世界

2003年，薛家燕在電視演出了一個經典廣告，穿着和服，用筷子夾起月餅放入口中，大叫一聲「美味しい!」隨即爆衫跳舞唱歌：「名古屋啊～燕窩～月餅～低卡～好食～健康又Fit喲!」

誰想到，這會是他喜歡鐵路，並以日本鐵路爲本位的原因？又有誰想到她中學時被中國製列車的車門夾過，因而愛上中國鐵路？還有從小喜歡鐵路的他，竟從鐵路窺見工業史，甚至對英語發展和政治意識起了啟蒙作用？

香港人的身分認同已很複雜，交通迷喜歡交通的「本」，也不一定與本土扣連：與香港交通息息相關的英國、日本、中國，以至全世界，甚至不再存在的國家，不只是交通迷的焦點所在，甚至是他們的「根」。哪些地方比較受香港交通迷注意？他們爲何會把興趣投射到另一個國度？

專注於交通，世界看似愈來愈窄，但不少人也會從交通見世界，看見經濟、政治、歷史、物理，還看見人。

「我被中國製列車夾過，然後愛上了中國高鐵」——一個中國高鐵迷

香港第一條重型鐵路，本來是爲了連接九龍和中國而建造。從1911年起，香港與中國的鐵路運輸，只曾在1949至1979年間中斷。

M在香港土生土長，現爲本地大學的理學院學生。她本來對鐵路沒有太大感覺，開始留意中國製鐵路，始於一次意外：「中一那年，我去太子買校服，在月台心急衝門，結果被車門夾到——那是中國製造的C Train（長春製列車），是當年的新車。之後，我和家人在深圳坐『和諧號』CRH-1A到廣州東，開始留意鐵路細節，例如車卡之間的接駁位、燈光、擺設、座椅、配色……慢慢就開始迷上了；又在百度、微博看火車相片，自此一發不可收拾。」在太子站一夾，沒有憤怒或尷尬，竟成了她喜歡中國鐵路的機緣。

M說，喜歡中國鐵路，當中也包含一份情。「小學階段坐過幾次和諧號，有不少跟表哥、表姐玩樂的回憶：從香港上廣州的期待和興奮，至在大陸逗留太久，玩厭了，很想回港的期待，全部都在和諧號發生，有很多畫面。當然，過關後是東鐵的『烏蠅頭』（MLR列車）和『千九公主』（SP1900列車）了。這不只是關於列車，就連來回時經過一些廣場，看見大媽跳舞，或與親戚的相處，回憶一連串的拉扯出來。」

M住在香港，初時只能在網上尋找鐵路資訊，「很快就發現，高鐵有好多型號，而我只坐過1A，在追尋過程中愈來愈好奇。在港鐵Facebook提及中國製的C train時，有不少人順帶討論高鐵，愈看愈多。」後來，M參加一些交流團，去過福田站，使她大開眼界：「福田眞的很大，很大！不過，廁所就別提，大陸只喜歡『門面嘢』。但這次總算坐到在網上一見鍾情的CRH380B（鐵路型號），它的車頭眞的很得意！」

一般鐵路迷會留意列車的外觀、聲音、廣播，但M最留意的，是車卡之間的接駁位置：「軟綿綿的質感使人很想靠過來，但頭髮要小心。CRH380B就是這樣舒服！還有車廂稍暗的裝潢，仿木紋的牆壁都非常好看。」M提到被接駁位輕輕夾着皮膚非常舒服，有一種冰涼的感覺。

中學生要離家追鐵，要先過父母一關，尤其是要獨自經過深圳河的一關就更難。M的父親很擔心女兒一個人在深圳、廣州走來走去，讓事情變得更困難。「追中國鐵路要離境，父母一定不批准。小時候，因父母不准我追尋心中所愛，發過很多脾氣。後來『學精』，在大陸教會有一些可信的弟兄姊妹，就叫他們帶我看，其實他們並不情願，哈哈！」

當高鐵香港段於2018年正式通車後，一切變得更加方便，住在廣州北站的大伯父也說她可以自行坐高鐵去探訪。

「車站有不同等級，廣州北站不算大站，不少人扛着擔挑走來走去，會有人打量你，跟你搭訕，說些難以理解的說話。不少人隨地吐痰，地面凹凸不平，有時路上有個水坑。」不過，父母擔心

肇慶東站的日落，CRH2G緩緩駛入（Wing 攝）

的不是這些，更是在新聞中看見的治安和政策亂象，如唐山打人事件、防疫政策等，說變就變。

對M來說，現況是另一番景象。在疫情期間，她在中國的朋友一如以往地正常生活，「中國國內不只有一面，很多鐵路迷繼續生活、追鐵。」

在中國追鐵，並不容易

在中國追尋鐵路，與在香港及其他國家的經驗都不同。高鐵站一直是國家的敏感地帶，在車站拍攝列車經常被驅趕：「不知是城管還是站務員，經常會對我吹哨子，然後大叫『趕快下車』、『不要站在這裏』、『趕緊出站』，感覺頗恐怖。」

根據M的經驗是，要在月台拍高鐵，最好有人把風，或乾脆在戶外拍攝比較好。不少中國鐵路迷在網上交流攻略，如在公園、天橋拍攝比較安全，也會羅列行經路段的不同車型。有一次，M拍鐵路照時，被站務員問「拍來幹嘛？」當她說會把相片放在Facebook 和Instagram ，就被對方罵爲「間諜」。

類似經歷不是唯一一次。微信羣中，有不少鐵路迷都是鐵路工程人員，也是對國家鐵路發展深感驕傲的愛國人士。他們不時拍一些車廠的內部相片跟其他同好分享，但對這個香港女生在羣內出現不表歡迎，一人一句「防間諜」、「防特務」。

同樣，M也因喜歡中國高鐵，常被其他人誤解政治立場：「我只喜歡列車。這些狹縫之中的拉扯，的確曾使我想放棄。」愛上與其他人喜好不同的事物，就會面對各種矛盾。

M最沉迷的時候，每天流連在「百度鐵吧」，也看「高鐵管家」、「高鐵通」、「中國鐵路路線圖」等網站。2020年，中國因着新冠疫情封關，這嗜好只能停留在網上。

疫情期間，她遇上有相同想法，也同是中國高鐵迷的Wing。Wing和M在疫情後相約一同拍攝。修讀插畫的Wing開關後，第一時間到疫情中建成、模仿舊香港的「深圳文和友」寫生，描繪高鐵經過建築羣的情況。

疫情期間無法追鐵，可有一些在香港能找到的替代品？M和Wing異口同聲說，不少中國製造的港鐵列車與高鐵同廠，她們能從中看見長春客車風格、南車風格。在南港島綫、觀塘綫可以聽到長春客車的啟動聲——這與同廠的中國高鐵列車的聲音很相似。M最喜歡的高鐵車廂接駁位置，港鐵中國製列車也有相似設計，算是疫情中未能北上追鐵的慰藉。

東風4機車途徑肇慶・西江大橋（Wing攝）

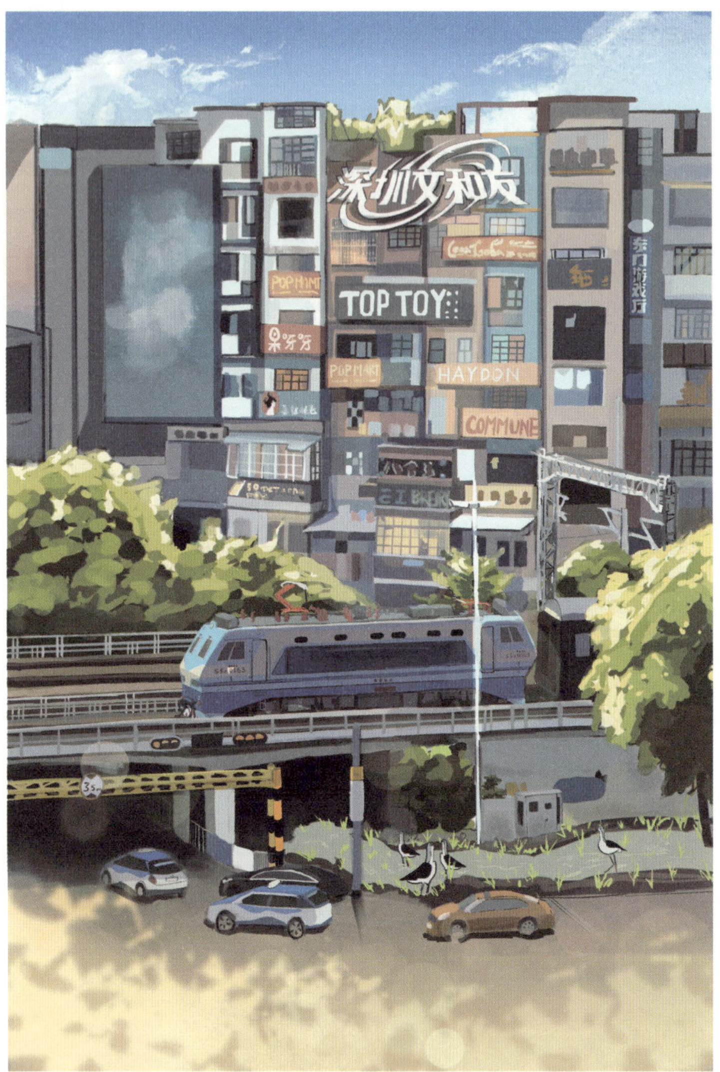

Wing的深圳「文和友」插畫

從喜歡鐵路至以鐵路的發展研究歷史——鐵路迷學者的學術追尋

2022年秋，我在「港深建築雙城雙年展」舉辦了一個叫「重渡維港」的活動。我們租了一艘天星小輪，航行一條天星小輪平日不會行駛的路線。小輪從中環出發，經過貨櫃碼頭、青馬大橋，然後繞青衣一圈。當小輪經過藍巴勒海峽時，大家已酒過三巡。西裝筆挺的梁明德（Ernest）走來跟醉醺醺的我握手。他是鐵路迷，正在修讀博士，論文與鐵路政策有關。後來，我去了他用作閉關寫博士論文的臨時居所參觀，二百呎的臨時空間，竟然也搭建了一個鐵路模型沙盤。

Ernest的家庭是他喜愛鐵路的起始點，母親曾在英國讀書，姨丈是英國人，他們從小就跟Ernest講及倫敦和英國其他地區的鐵路趣事。媽媽跟他說，在1978至79年冬天，倫敦運輸工人等罷工，嚴重影響她上學。後來，Ernest知道這場大罷工是英國近代史的一個轉折點，民眾怨氣影響工黨在大選輸給保守黨，結果英國走向戴卓爾夫人（Margaret Thatcher) 的新自由主義年代，導致國鐵被賤賣私有化。

當其他小朋友還在看迪士尼學英語，Ernest則在看火車錄影帶。媽媽和姨丈買了不少火車錄影帶給他，通常由老年播音員或舊國鐵員工當旁白，這使他的口音比較接近戰後初期的腔調。Ernest

的爸爸是公務員，英國同事常跟Ernest聊火車。有一位愛爾蘭同事回鄉探親時，更買了一大堆鐵路雜誌和錄影帶給Ernest，拓闊了他的鐵路視野。「久而久之，我發現跟他們（英國人）聊天，只要對方願意談鐵路，話就很容易說，事情也容易辦，他們也驚詫我對英國尤其是倫敦地理的理解。」

2005年10月，《日文香港郵報》刊出Ernest的訪問，時年十二歲

九十年代，香港的英文書店不多，關於火車的書更少。Ernest曾經收到Colin Garratt 拍攝的蒸汽機車書作為禮物，也收到一些日本鐵路雜誌，甚至同一本書的不同版本。向來習慣閱讀英語鐵路資料的他，終於在日本鐵路雜誌發現很多鐵路概念，原來可以用漢字表達。後來，他又讀了一些台灣的鐵路雜誌，知識得以系統化。

Ernest讀小學時，有一個法語老師，父親曾在法國國鐵工作，她把父親遺下的法國國鐵圖紙轉贈Ernest。他的普通話老師是北京人，出生時離民國時代結束不遠，還記得北京早已消失的城牆位置，也會跟Ernest交流。所以，不只倫敦，Ernest對民國時期的北京鐵路佈局同樣清楚。升上中學後，Ernest設立一個以民國時期鐵路爲主題的電郵羣，一些外國鐵路迷在那裏分享民國用過的外國機車、日本設立的南滿洲鐵道舊照。

從鐵路的興建與沒落，看一個時代與歷史

後來，他加入一些英國鐵路羣組，興趣也伸延到滿洲國以至戰後朝鮮鐵路：「當時滿鐵還有一個創舉，充分反映人定勝天的現代主義情懷，那就是重新提出中亞鐵道，以及連接東京和印尼泗水的『大東亞縱貫鐵道』——前者考慮在一個類似馬斯克（Elon Musk）提出的，在超迴路列車（Hyperloop）般的管道內由磁力推動列車，後者是比較典型的3000伏特直流電氣化火車，但就需在日本和朝鮮之間，以及新加坡和印尼之間挖兩條海底隧道。日本軍部和鐵道省就動力問題進行了多次爭執，軍部主張減少電化區間，指出電網容易受襲擊損害，使鐵路運力歸於停頓；最後鐵道省妥協，只在隧道和某些陡峭山嶺路段使用電氣化火車。到1945年日本戰敗時，北朝鮮內的京元線（漢城－元山）的一些路段已經實現電氣化，南朝鮮的京慶線（漢城－慶州）一些路段也在美國援助和日本賠償下實現電氣化。」

每次Ernest談到鐵路，都使我感受到兩件事：一，即使是閒聊鐵路，他也總能拿出文件、地圖或圖片爲說話佐證；二，他講鐵路時，其實是講經濟史和政治。

「大量滿鐵職工和大東亞縱貫鐵道的計劃者，後來參加了日本新幹線的研發。一千多名滿鐵職工和家屬，也在解放後的中國被留用，參與建設原屬中央亞細亞鐵路的天水－蘭州路段，並訓練中國技術人員。中國當局爲這些人員的子弟建立學校，允許小息時以日語交談。這些子弟現已是老年，仍然堅持回天水探望當時的中國人朋友，最近大阪電視台爲此拍攝了一個特輯，讓我感觸很深。」

從中學已浸泡在鐵路研究，到大學做歷史的學術研究時，他因鐵路走得更快，甚至影響他的理論傾向：「歷史上，私有鐵道的營運必然偏向於『擴大再生產』，模式成功就應該擴張。20世紀以後的國有鐵道，很多時候全盤繼承了19世紀的私有鐵道公司的思維，也就是市場是開拓回來的，需求是供給創造的，一個地方要有鐵路才有人前往。但是，20世紀以後，基建資本邏輯是好像反過來：有人的地方才應該有服務，有市場的地方才應該供給，然後就請一大堆做會計的人，幫助鐵路公司或政府鐵路部門搞『強幹廢枝』，大刀闊斧砍支線。」

在這種想法以下，英國砍倒了不少幹線，美國的鐵路網在戰後丟了一大半，一些電氣化鐵路還被去電氣化，各市鎮之間曾經濃密的電車網絡（日本私鐵公司本來參考了這個模式），在不到二十年間就被徹底廢除。「小時候我經常會看到『大白象』這個詞。在新自由主義下，沒有人想過需求是可以製造的。我記得西鐵剛開幕，就有人罵它是『大白象』，國內的高鐵剛開，也有很多罵聲。現在這些說法都變得很荒謬了，西鐵、內地高鐵都變得擁擠，鐵路不僅應該看能否賺錢，也應該看其能否帶動周邊經濟增長和稅收增長，是不是一項社會投資？這種思維慢慢開始擴散了，是好事。」

提到「喜歡鐵路」，大家都認爲「鐵路」是喜好的「終點」。 但若以鐵路爲起點，那就可以無限伸延——畢竟鐵路是「人」的產物，必然與生產、經濟、政治、意識形態掛鉤。可以是對人類與社會未來的想像，也可以是學術世界的研究志趣。

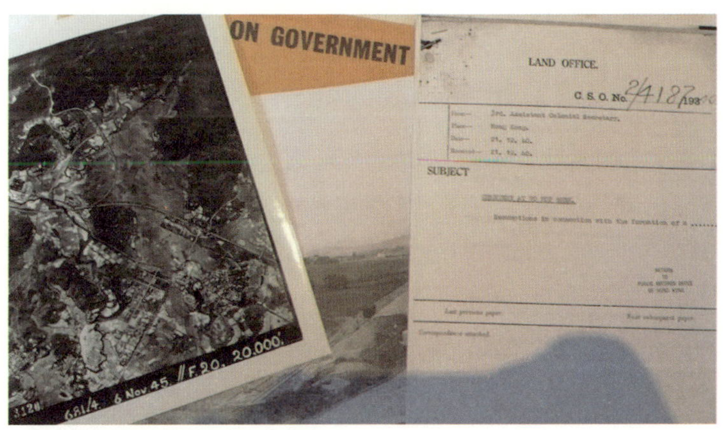

Ernest收藏有關和合石墳場支線的1945年高空圖片、車站照片和1940年徵地公文卷宗複印本

「怎樣可以告訴全世界，我真係好鍾意坐火車？」——破世界紀錄的鐵路乘客Rick

我是在Ernest 的生日派對中認識Rick的。閒聊中，他隨口說：「我上星期才去了阿根廷追火車，哈哈！」Rick在歐洲公幹後，理論上需回港數天，再去紐西蘭開會，但在疫情期間，回港必須隔離，他乾脆把行程改到南美，從地球另一端前往大洋洲。

Rick喜歡鐵路的契機，是母親在小學時送他一本1983年在中國出版的《全國鐵路旅客列車時刻表》。他在書中學會中國地理，「原來從中國坐鐵路可以到達莫斯科！」大學時代，互聯網開始興起，Rick 開始從香港鐵路會認識一班本地鐵路迷，「我認識他們的時候，已經是很後期。」

Rick坦言，最喜歡鐵路旅遊。中國、日本、韓國、紐西蘭、英國、瑞士、美國、科威特、埃塞俄比亞、阿根廷……都佈滿了他的足跡。那一次的阿根廷追車之旅，他發現阿根廷有中國製造的鐵路，而當地有鐵路迷在中國鐵路的論壇認識了Rick，一盡地主之誼，帶他在阿根廷鐵路遊。

鐵路是語言，也是認識世界、各地朋友的工具，甚至也能遇上人生伴侶。有一次，他從西九龍出發，先坐高鐵往北京，再轉乘西伯利亞鐵路去聖彼得堡。在伊爾庫次克轉車時，他遇見在西伯利亞鐵路當乘務員的伴侶。西伯利亞鐵路是世界上最長的鐵路，橫跨歐亞兩洲，八個時區，全程需要七天。她每次工作，一來一回就需要十六日。

在旅遊的期間，他一直營運網頁「記・憶・1435mm」，跟其他人分享鐵路旅遊的見聞點滴——1435毫米是「標準軌距」，也是世界上大部分鐵路軌距指標。

二十四小時火車之旅

數到Rick做過最瘋狂的事，莫過於他曾持有一個世界紀錄。2019年4月20至21日，他跟弟弟從長沙南站出發，二十四小時不停坐火車，在抵達賀州站時，旅程達4967.8公里，打破了「24小時內乘坐火車旅行的最遠距離」健力士（吉尼斯／金氏）世界紀錄。

打破世界紀錄想法，來自他一次乘車的忽發奇想。「有一日，我坐高鐵回香港，就問自己怎樣可以告訴全世界，我眞係好鍾意坐火車？要坐到很瘋狂嗰種！到底坐火車可以坐幾遠？」於是，Rick上網搜尋，發現有一個坐火車路程最遠的世界紀錄。這個紀錄，能破嗎？他開始籌劃，終在2019年與弟弟和兩名見證人出發，達成紀錄。

健力士世界紀錄委員會有數十頁文件，詳列達成紀錄的條件與規則。「破世界紀錄不會有電視台跟拍採訪，而我也不想使錢，就要自己做Video 紀錄，提交證據和報告。健力士根據規條，認爲我滿足了條件，就會頒這張Cert（證書）給我。我也找了兩個朋友做見證人，其實他們一起破這個紀錄，不過他們是見證人，就無辦法記名。」

Rick破健力士世界紀錄的乘車路線

Rick爲了達成這次世界紀錄，早在出發前計算整個行程，如列車之間轉乘時間、行走距離，也有賴列車班次準時。只要其中一班列車延誤，轉乘失敗的話，所有努力就會被摧毀，其中在上海虹橋站，轉乘時間只有十九分鐘，他們要跑到車站另一端，經過一輪安檢才能上車。要破紀錄，除了精密計算，也要體能和臨場應變。

一個鐵路迷從「眞係好鍾意坐火車」這句說話，轉化成一個世界紀錄——可以想像，這種「愛」可以化成多少奇想，付諸實行又要多少動力。

GUINNESS WORLD RECORDS

CERTIFICATE

The greatest distance travelled by train in 24 hours is 4,967.8 km and was achieved by Rickly Wai Ki WONG and Richard Wai Kit WONG (both Hong Kong), travelling from Changsha South Station to Hezhou Station (both China), on 20-21 April 2019

OFFICIALLY AMAZING

Rick的健力士世界紀錄證書

因爲家燕姐的月餅廣告，對鐵路產生興趣——一個日本鐵路專家的誕生

Johnny說：「我眞係想去名古屋睇吓有無月餅賣。」

在這一章的開首提過，有鐵路迷因爲家燕姐的月餅廣告，對鐵路生起興趣。當然不只於姑，還有《電車でGO!名古屋鉄道編》——這個遊戲光在本書的訪問中，已經孕育了第三章的名鐵哥，以及日本鐵路專家、「Johnny鉄道撮影札記」的版主Johnny。

名鐵列車

2004年，Johnny一家人去日本旅行，乘坐子彈火車是必然行程，旅行團更安排團員體驗日本最繁忙的山手線和新幹線。這一趟列車的體驗，使Johnny 覺得新奇，「為何這麼舊的列車會光潔如新？為何在三百幾公里車速的子彈火車，仍可如履平地？」後來，他又到了四國旅遊。四國相對於日本其他地方發展較慢，因而保留了不少古老列車：「為什麼有些路面電車，竟然可以行駛七、八十年？」兩個問題，一新一舊，開啟了Johnny的日本鐵路世界。

畢業後，他去了三個月日本。他花大半年計劃行程，把景點與城市之間連起來，整個日本鐵路的概念就成型了。

「所以，現在你是記得所有日本鐵路的路線？」
「基本上是。」

「Johnny鉄道撮影札記」幾乎每天更新。訪問他前，我還誤會他在日本生活。原來Johnny「只」去過日本二十次，之前很長的一段時間，都在香港擔任記者。值得注意的是，每一條日本鐵路，他總能找到有趣的討論角度。他的文章，不只與鐵路有關，也涉及巴士與渡輪，也就是與日本交通有關的，他就會寫。

他的文章處處流露對日本鐵路的熱情，但營運專頁是另一回事。「其實，我很想休息，例如北陸新幹線延長前，我去了追（將被新幹線取代的）北陸本線。有時真係為了追鐵，失去了旅遊意義，像做功課跑數。」他的傳媒背景，讓他有一種「我要有」的心態：「就算我今日扑唔到你咪（傳媒突發要受訪者持咪訪問），都要攞到啲嘢返屋企。當以這種心態追鐵，係有啲攰，很辛苦。」

訪問Johnny時是2024年夏天，他提到上次完全不爲鐵路計劃行程，就要數回2017年的紅葉之旅。

從鐵路至自動販賣機

日本鐵路像是獨立一門的學問，並細分了不同的「專業面向」，如音鐵（喜歡聆聽列車運行的聲音）、便當鐵（鐵路便當）、旅鐵（鐵路旅遊）……話題多，能專研的事情也多，整個鐵路迷文化自然豐富，而且日本面積不大不小，既有上千公里的路線，但也不像歐洲一樣，遊之不盡——分量剛剛好，不會成爲一個無止境的追尋。

Johnny的興趣也從鐵路伸延至巴士，以至日本各式各樣有趣的事物，包括了自動販賣機、遊戲機、字體設計，還有昭和年代，經濟泡沫爆破前的事物。訪問當日，Johnny 推薦了不少日本千奇百怪的地點，例如整個遊樂場停留在八十年代的神戶「須磨浦山上遊樂園」，有個像機場行李運輸帶的裝置連接火車站和山上，卻放了一個轉盤來運人，「被譽爲」日本最不好坐的公共交通工具；相模原市有個懷舊自動販賣機樂園，是車房老闆搜羅全日本舊式販賣機，包括拉麵機、雪糕機、汽水機、粟米機、點唱機。機體奇特，光是看這些機器操作，加上吃喝，已經可以玩半日。講這麼多日本，那香港呢？

Johnny自言對香港的鐵路興趣不大，愛好僅以日本爲本位，又因日本退役鐵路外銷至世界各地，也曾去東南亞尋找這些舊日本火車。

不是所有鐵路迷都會喜歡全世界的鐵路。反之，某種文化歷史背景產生的鐵路文化，似乎更加吸引。鐵路作爲日本主要交通工具，其濃厚文化滋養着不少鐵路迷，也使不少香港鐵路迷漸漸學會日語，甚至變成日本通。

Johnny 所提及，在神奈川縣相模原市的懷舊自動販賣機樂園

從日本到東南亞——追尋不存在國家列車的鐵路迷

上文提到，日本的退役鐵路外銷至世界各地，鍾情日本鐵路的Johnny會去東南亞尋找舊日本火車，而他在東南亞尋找鐵路時，有時候不只自己一人。Anson是東南亞火車的專家，二人曾到泰國、印尼等地追車。

Anson喜歡的，是昭和風的日本鐵路。這些列車退役後，被出售至緬甸、印尼、吉隆坡、泰國。印尼的Kai鐵路是日本舊列車的大戶之一，因而成爲Johnny和Anson的樂土。這些列車能在東南亞續命十年八載，於是他把重心轉向東南亞。

在這些國家追鐵，沒有太多「規矩」，比日本自由很多。「在東南亞，部分地方可以在路軌影相，在其他地方根本沒有可能，這裏甚至鼓勵你這樣做。當然大家要注意安全啦。」

相對攝影，Anson更喜歡用心感受乘車的感覺。他說曾在北海道坐過的列車，後來在泰國坐回同一列，直言「好好Feel」，泰國車長甚至會響起「友誼之咹」，跟他們打招呼。在東南亞追鐵雖然自由，但鐵路公司開車的時間更「自由」。

Anson說，「整個思維需要反轉。以前我會追行程，但在東南亞只會規劃一個大概——日本太多資訊，但東南亞的火車時間表是假的。在日本，撲空會大爲失望，但在東南亞，一切只能隨緣。」

泰緬鐵路一段，規矩相對寬鬆，遊人可在鐵軌上隨意走動

在印尼，Anson若要知道今天有沒有派遣JR舊車，他要每天去火車站問售票員，撲空是常見的事；他又曾在緬甸守候幾日，爲的是一部台灣運來的國光巴士。二戰時，日本在泰國用了不少戰俘興建泰緬鐵路，這項工程死亡人數甚多，因此被命名爲「死亡鐵路」——鐵路有一個紀念墳場，Anson也曾到此參觀。

尋找滿洲國的列車

越南也是Anson和Johnny的目標，爲的卻是《末代皇帝溥儀》（*The Last Emperor*，貝托魯奇導演，1987）和教科書才見過的滿洲國。滿洲國作爲日本的傀儡國家，卻擁有與上野車站相同建築風格，但更宏偉的大連站站樓。現在，從越南河內到下龍灣有一列火車，還在使用滿洲國的退役列車。

這三列車廂非常具歷史價值，Anson當年為了尋找這部火車，從大埔太和火車站出發，經羅湖、深圳、南寧，一直到越南。當他坐在滿洲國的列車上，想着這八十年的光景，「起雞皮㗎！呢部火車八十幾年嚟到底經歷過乜嘢？」

現時，還在使用滿洲國車廂的，除了越南，就只有北韓。話說回來，香港有不少喜歡滿洲國事物的朋友，關於映畫、李香蘭、設計、機械科技——滿洲國的電影機構「滿映」是當時亞洲最大片廠，而滿洲國的美學停留在二戰前後，繼承民國及昭和初年，甚至流露着大清與大正的風格，吸引了一個愛好者的社羣。

Anson坐的滿洲國列車如今已面目全非，內部裝潢早就完全改變。他形容那一程車的情況，是「坐八小時，基本上跟雞鴨一齊坐，整列車都是菜籮。」外邊當然也不是當年的塗裝，牽引列車的則是中國先進的「機頭」。 若不是專家，難以察覺這殘破的車卡，有史詩般的過去。

我以交通爲起點，認識一個地方

尋找退役巴是「巴士旅遊」的一個重要題目，第五章〈回頭已是百年身——保留歷史車輛〉記錄了不少外流的退役巴士，以及英國、澳洲的「巴士大集會」。我們不時都能在社交媒體中見到這些舊香港巴士「健康醒神」在外地行駛，車上不乏緬懷過去的港人。

世上也有不少奇特的公共交通工具，成爲交通迷的獵奇對象。

名古屋的導軌巴士志段味線，或是利用香港同款小巴行駛路軌的北海道阿佐海岸鐵道等，一方面利用巴士的靈活性穿梭大街小巷，又會在一個交匯點進入路軌或導軌，變成鐵路；意大利熱那亞半升降機、半鐵路的Ascensore Castello d'Albertis-Montegalletto，小車廂行駛一段路程後會變成升降機抵達山頂；古巴等地曾經出現一種貨櫃車混合巴士的Trailer Bus——這些因爲特殊地理環境而建設的產物，一直是交通迷朝聖的目標。

九十年代初，旅行社常有「歐洲巴士團」的廣告。這些巴士團，現在看來非常刻苦——團友幾十日在一部非空調雙層巴士上度過，衣食住行都在車上。車上有簡單煮食設施，床位分成上中下隔，晚上巴士或會停在營地，或會夜行。一班年輕人坐在車上或草地上談天、分享食物，然後再趕行程。

旅行團提倡團友交流。可以想像，十幾人在三十日的南歐之旅，在汗水中結成摯友的美好畫面。但……若當中有爭拗，不禁替領隊和司機擔心。我在幼稚園時曾跟媽媽嚷着參加這些巴士團，幻想着天天坐在一部利蘭巴士上的感覺。當時，媽媽開了一個條件：「你可以晚晚喺草地煮飯洗衫，你咪自己去囉。」

現在，早就沒有人再辦這些旅行團，而我也不再對這種旅程抱浪漫的想像。畢竟旅途上有很多事情值得細味，即使是辛苦一點的背包旅行，自行規劃乘坐內陸機、在火車站過夜，或是乘坐城際高速巴士、踩單車——這種「貼地」的做法，總比包起一部巴士，與外面的風土隔絕好玩得多。

我在成田機場，上了一堂歷史課

交通迷的熱情，把他們帶到不同的地方。深邃的鑽研看似愈走愈狹窄，但從交通作爲起點，又會愈走愈廣，邁向社會、歷史、政治研究；即使只爲探索遊玩，也會擴闊對世界的認知。交通作爲民生設施，與社區有密不可分的關係。

2015年前，若從成田機場離開東京，爲什麼在進入機場前必須經過安檢？日本引以爲傲的新幹線，爲何不引進成田機場這個國家大門，非要經過一小時多的折騰才能到達新幹線的車站？爲什麼成田機場的跑道中間，會有圍牆圈起一塊農田，一個神社？相信不少人去東京旅遊，都會問這些問題。交通迷的好奇，會驅使他們親身尋找答案。

問過Johnny意見，做了一些資料搜集，我在成田過了一天。

興建成田機場之前，這片土地原是一片農田。居民反對興建機場，發生了一場又一場的抗爭，有些居民拒絕遷出，成爲「釘子

東成田站大堂與連接機場的通道

沒有建成的成田新幹線，預製橋樑現爲JR成田線機場支線與京成電鐵使用

戶」。為了避開這些跑道中的農田小屋，不只政府要興建地下隧道來連接這些土地，飛機滑行要繞道，機長也要在降落前提早打開飛機機輪，以免起落架上的冰晶墮落農田，毀壞農作物。我租了一部車，靠導航走遍機場跑道中的釘子戶，包括被圍牆重重包圍，現在成為航空迷拍照熱點的「東峰神社」；又到了紀念抗爭的「天空與大地歷史館」，了解前因後果。

日本政府曾經計劃了一條成田新幹線，原訂1976年通車，但又因沿線居民反對，最終沒有成事。現在機場外的農地還有一個新幹線規格的鐵路橋，但因未有成事，改由JR和京成電鐵使用；本來計劃的成田新幹線被設計在機場大樓內，另一條鐵路京成電鐵的成田機場站，只能建在客運大樓外，初期甚至要接駁巴士連接機場，後來才以一條數百米的狹長通道連接。

直至今天的成田機場新站落成，旅客才可直接從機場乘鐵路前往東京，舊站則以「東成田」的名義繼續提供服務。東成田現在鮮有乘客使用，安靜也陰森，其中一條仍途經此站的路線，是「芝山電鐵」——日本其中一條最短的鐵路，把被機場隔開的兩邊社區連接起來。

這一天，對交通迷的我來說，不但有趣好玩，更上了地理、歷史、政治課。

空港のはじまり
空港公団発足
初期の反対運動
三里塚
空港絶対反対
佐藤行通用木
3068
佐々木更三用木
3173
成田知己用木
3053

国際空港粉砕・不当弾圧抗議2·27緊急集
力と力が
ぶつかりあった。
空港粉砕

天空與大地歷史館

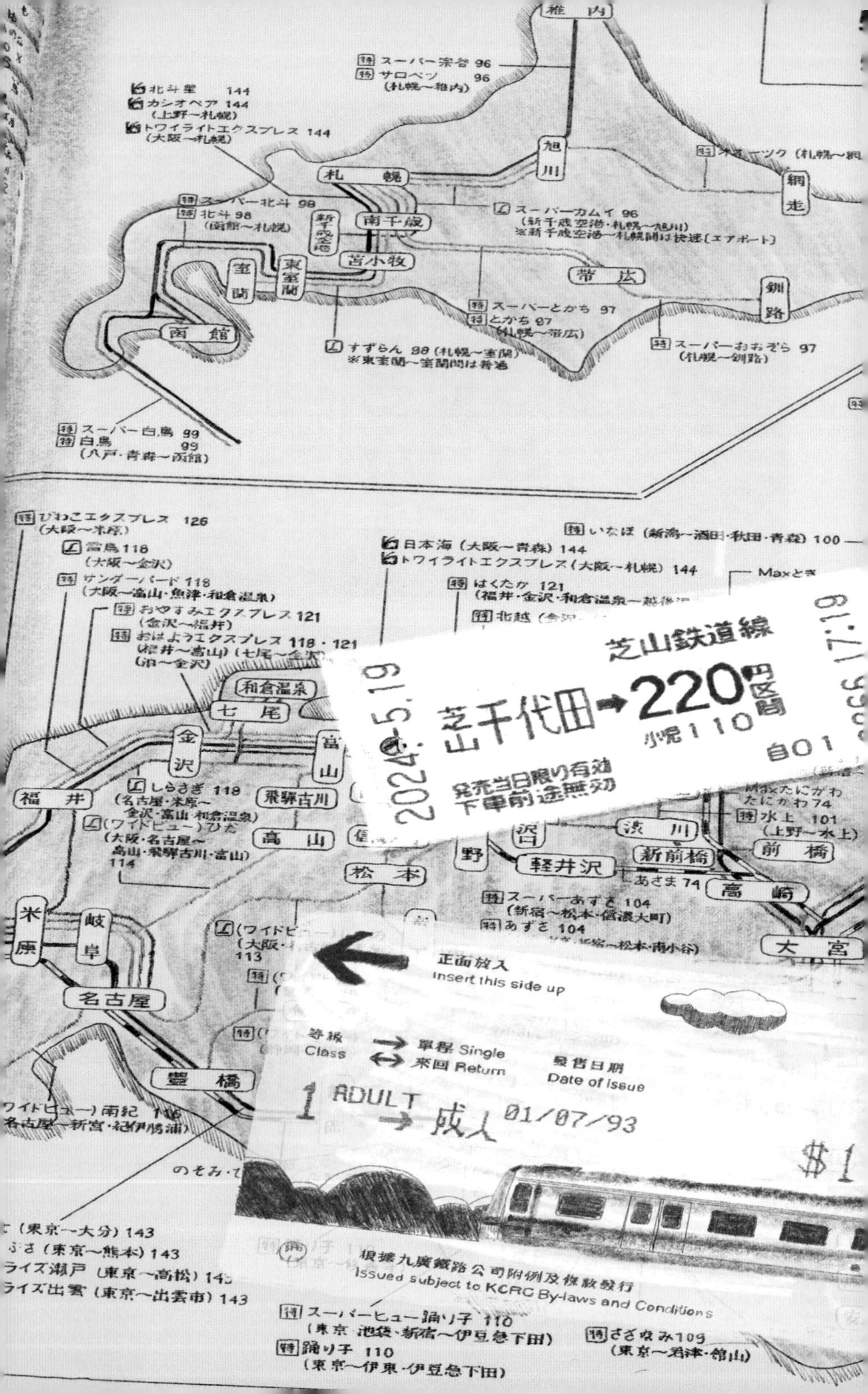

稚内
特 スーパー宗谷 96
特 サロベツ 96
(札幌～稚内)
北斗星 144
カシオペア 144
(上野～札幌)
トワイライトエクスプレス 144
(大阪～札幌)
旭川
オホーツク (札幌～網
網走
札幌
特 スーパー北斗 98
特 北斗 98
(函館～札幌)
南千歳
新千歳空港
苫小牧
スーパーカムイ 96
(新千歳空港・札幌～旭川)
※新千歳空港～札幌間は快速[エアポート]
室蘭
東室蘭
帯広
釧路
函館
特 スーパーとかち 97
特 とかち 97
(札幌～帯広)
すずらん 98 (札幌～室蘭)
※東室蘭～室蘭間は普通
特 スーパーおおぞら 97
(札幌～釧路)
特 スーパー白鳥 99
特 白鳥 99
(八戸・青森～函館)
特 びわこエクスプレス 126
(大阪～米原)
雷鳥 118
(大阪～金沢)
特 サンダーバード 118
(大阪～富山・魚津・和倉温泉)
特 おやすみエクスプレス 121
(金沢～福井)
特 おはようエクスプレス 118・121
日本海 (大阪～青森) 144
トワイライトエクスプレス (大阪～札幌) 144
特 いなほ (新潟～酒田・秋田・青森) 100
特 はくたか 121
特 北越
和倉温泉
七尾
金沢
富山
福井
しらさぎ 118
(名古屋・米原～
金沢・富山・和倉温泉)
(ワイドビュー)ひだ
(大阪・名古屋～
高山・飛騨古川・富山)
114
飛騨古川
高山
松本
軽井沢
渋川
新前橋
前橋
高崎
あさま 74
Maxたにがわ
たにがわ 74
特 水上 101
(上野～水上)
特 スーパーあずさ 104
(新宿～松本・信濃大町)
特 あずさ 104
大宮
米原
岐阜
名古屋
豊橋
(ワイドビュー)南紀
名古屋～新宮・紀伊勝浦)
のぞみ
(東京～大分) 143
(東京～熊本) 143
ライズ瀬戸 (東京～高松) 143
ライズ出雲 (東京～出雲市) 143
特 スーパービュー踊り子 110
(東京・池袋・新宿～伊豆急下田)
特 踊り子 110
(東京～伊東・伊豆急下田)
特 さざなみ 109
(東京～君津・館山)
芝山鉄道線
2024.5.19
芝山千代田→220円区間
小児110
自01
発売当日限り有効
下車前途無効
正面放入
Insert this side up
等級
Class
→ 單程 Single
⇄ 來回 Return
發售日期
Date of issue
1 ADULT
→ 成人 01/07/93
根據九廣鐵路公司附例及條款發行
Issued subject to KCRC By-laws and Conditions

8

車票、印刷品與紀念品

閱讀難度 ▮▮▮

車票、印刷品與紀念品

前幾章提到，在香港巴士和鐵路模型出現之前，要獲得一件巴士公司或鐵路公司的紀念品絕不容易。即使模型出現，但九十年代，模型的價格不菲，不是人人能夠負擔。有的交通迷自然把目標轉移至較容易獲取的車票和印刷品，甚至是車輛內的小部件。

在香港，收藏車票竟涉及法律問題？

車票、單張、刊物爲何吸引交通迷收藏？儲起來竟成歷史文獻？

不能保留整部古董車輛，可以局部儲起嗎？

車程後的珍貴遺產

儲車票的人，大部分不是交通迷，甚至可理解爲另一個專業領域，與收藏郵票、錢幣、古玩、黑膠唱片的人更爲接近。郵票是在手指頭一小格中看世界，集郵者不僅從圖像、形狀欣賞藏品，更能在藏品中遙望歷史、國家地緣政治、經濟、印刷技術工藝等。儲錢幣和車票的人也有相同的經驗，這些錢幣、車票、郵票背後的故事，也會直接影響價格和吸引力。因此，這三種興趣往往走在一起——千禧年代以前，不少舊商場都有這類店舖。

曾經出現的巴士與鐵路車票

對早年的交通迷而言，車票是難得可以收藏的官方產品。七十年代開始，巴士公司開始使用一人控制模式，有如今日由車長全盤負責駕駛、票務、開關車門等工作。在此之前，一部雙層巴士，就有一位司機、一至兩名售票員，甚至有拉閘員負責控制車門的開關。轉用一人控制模式後，沒有了巴士車票，巴士迷也少了一種藏品選擇。

1998年，大欖隧道通車，乘客在隧道轉車站轉車，可從司機手上領取一張轉乘票，在第二程巴士投入轉乘票與優惠車資。通宵巴士，如N293（尙德－旺角柏景灣）曾採用下車繳費模式，在車程中段上車獲得車票一張，下車時按分段收取車費。以上的一切，都在2000至2010年代被八達通取代。

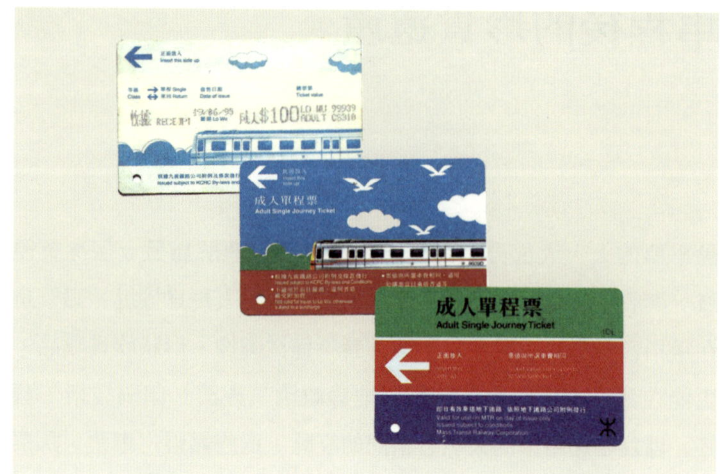

紙質（上）及磁帶車票（中及下）

鐵路車票的世界則豐富得多，從最初的紙車票至磁帶車票，再到RFID（八達通／聰明卡），足見不同時代的收費模式與科技變革。其中，磁帶車票時代最豐富多彩。

磁帶車票出現於八十年代，部分是紙票上附有一條磁帶，更多的是整張的磁帶。

在八、九十年代，收藏儲值車票的成本最大。當時的「通用儲值票」有「尾程優惠」。例如，一張價值七十元車票，即使用了六十九元九角，餘下的一角也可以乘搭九鐵或地鐵的任何車程。大家會注意車票餘值，儲起餘值極低的車票，留待「過海」的昂貴車程使用，把一角當成十元。如果把儲值車票藏起，成本就等如十幾元。

磁帶車票時代，勝在款式不多，除了有不同價錢的單程和儲值車票，偶有特別的紀念票和推廣、頭等附加票等，僅此而已。收藏

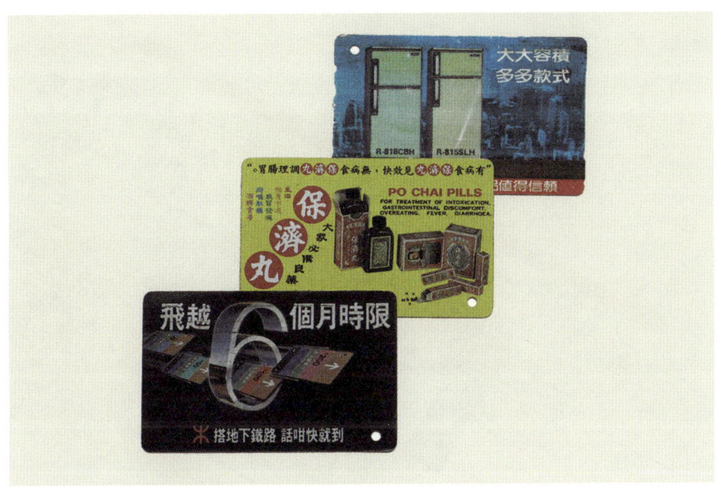

磁帶車票背後的廣告

家在心態上需要一種完整的感覺，有限的範圍才有收藏的志趣。我讀小學時，五、六年間幾乎把每一款基本通用的車票都儲起（其實是父母幫忙儲起），也放不滿一本卡片簿，但非常滿足。儲值車票不是即用即棄，但車票質料也非堅不可摧，稍爲屈曲已經無法使用，車票紙套也在此時出現，也是鐵路迷收藏之一。

特別的是車票背後的廣告、路線圖、試色板等。每次買票都不會知道車票背後的影像，但很多時只是黑色一片，是以每次買票都像抽閃卡。這些廣告全是偶遇而來，數量不明，加上好看的廣告也不多，炒賣價值自然高。

九十年代，新世紀珍藏公司曾出版《香港地鐵車票目錄》，是香港第一本記錄車票收藏的著作。書中羅列出不同車票，也標示炒賣價值，結果被地鐵公司控告，需賠償予地鐵及銷毀書刊——通用儲值車票是地鐵的資產，收藏炒賣可能被告，而這成爲了炒家藏家急遽下降的轉捩點。

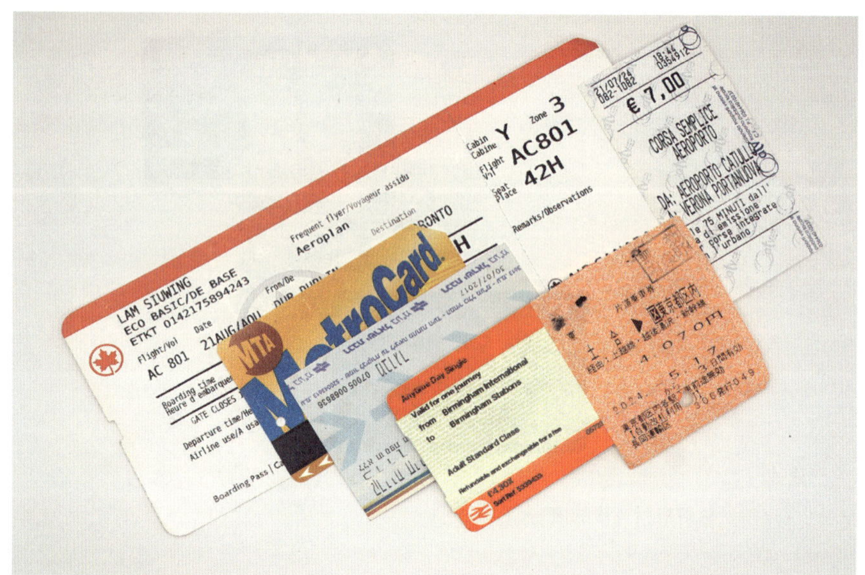

世界各地的鐵路、巴士車票及機票

現在，車票收藏已成為純粹的收藏，大部分車票都缺乏炒賣價值。八達通的出現，使車票漸漸退出一般市民通勤使用的領域，偶然購買單程票或紀念車票，收藏人數和市場需求都大減。八達通也曾推出不少「特別版」，或為個別公司推出不同卡面，但炒賣價值已大不如前。

另外，很多人會儲起旅遊中的車票和發票，記錄旅程路線和消費，當作旅遊日記。值得一提的是，機票（登機證）本來也是交通迷收藏的目標，但因機票上印有姓名，難具炒賣價值，只屬私人收藏以記錄旅程。2000年代後期，不少航空公司開始使用空白票，靠熱敏印刷打印機票，機票上沒有航空公司的印花設計；有些機場甚至用比超級市場單據更薄的紙，連自己收藏的價值也成疑問。

電子車票、機票、活動門票愈來愈普及。這是從伯明翰到利物浦的火車票

2010年代後，專賣郵票、錢幣、車票的店舖漸漸式微。隨着科技發展，車票逐漸消失和歸一，加上不同交通商品出現，車票藏品，以至收藏者都愈來愈少。我的車票和印刷品的收藏，也大致停留在九十至千禧年代。

印刷品、單張、刊物——交通歷史的重要紀錄

九十年代，巴士迷比較容易獲得的官方物品，還有宣傳單張和刊物。巴士公司的職員與家屬能收藏刊物《九巴半月刊》、《九巴月刊》、《今日九巴》，而一般乘客能接觸的則是路線調整的單張，偶然還有路線圖、車廠簡介、路線宣傳、鐵路車站指南等。

同時，不少公共交通機構都設立客務中心，供乘客查詢、企業傳訊、售賣紀念品之用。舊九龍站（紅磡）和沙田站的九鐵客務中心，以及沙田新城市廣場一樓的九巴顧客服務中心，是我小時經常流連的地方。我對公共交通的認知，很多都是從這些地方派發的刊物中建立。這些刊物有一種系列感，例如九巴的新市鎮路線圖，每隔幾個月出版一張，而香港新市鎮數目有限，讓我很想儲齊一套路線圖；我也儲起了九巴四大車廠簡介、九廣鐵路的《鐵路傳眞》月刊。

另外，不同巴士路線的更改服務通告，也是交通迷收藏的對象。這些單張本來只是通知乘客服務變動的工具，多年後卻成爲交通歷史的重要紀錄。

不要以爲儲單張是上一代交通迷的專利。2022年，東鐵綫過海段通車，通車前在新建的會展站舉行開放日——有關會展站、新的紅磡站、金鐘站的《車站指南》成爲鐵路迷爭搶的對象，開放日未完已見缺貨。當晚，我在拍賣網站發現這些指南被標價一百

九巴的新市鎮路線單張。右邊扇形宣傳品，爲九巴投的天水圍六條路線專營權後的路線介紹

九巴車廠簡介

元——這當然是「得啖笑」，但不少鐵路迷，的確希望把港鐵所有《車站指南》儲起。2020年代的車站指南，以書法字爲封面，當中港鐵路線圖、街道圖、轉乘資訊等，其實跟車站的地圖資料板、出入口指示牌一樣，沒有什麼特別資訊。

由於《車站指南》只在該站派發，把不同指南統統儲起，就要到訪每一個車站，就如《西遊記》中所說唐三藏經歷九九八十一難才能取得西經。兩鐵合併前，不時有鐵路迷致函或電郵，成功索取整套街道圖或《車站指南》。2024年後，這些指南已改爲電子版本。

雖然儲起《鐵路指南》、單張、宣傳品的動機，可能只是「爲儲而儲」，但在二十年、三十年後，卻成爲重要的歷史文獻。我寫這本書時，感謝不少有心人借出他們的珍藏以作參考。即使不是交通迷，若你對生活的城市好奇，可能也會問：朗豪坊建成前，旺角的C出口是怎樣的？東涌綫落成前，荔景站的月台是怎樣？九十年代末青嶼幹線建成，大嶼山巴士如何宣傳路線？史上首個八達通轉乘優惠出現時，巴士公司如何解釋使用方法？這些文獻，就爲我們的好奇提供答案。

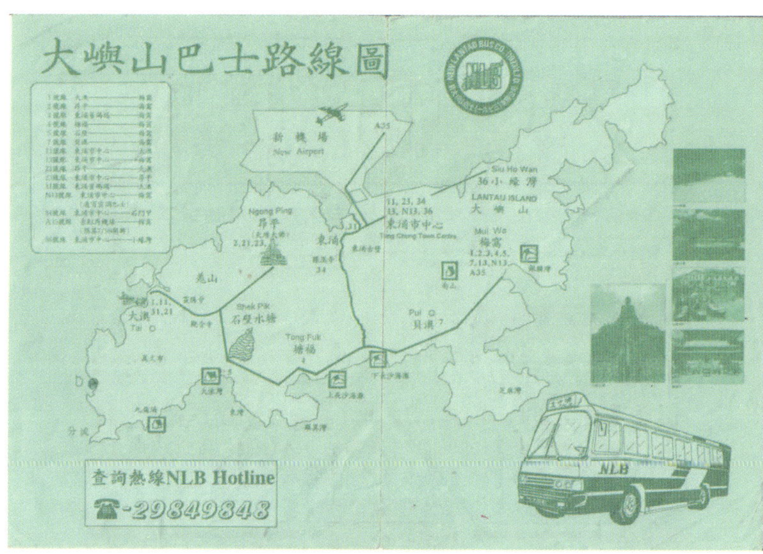

1998年大嶼山巴士的宣傳單張

《九巴版圖》由九巴出版，收錄九巴和龍運巴士路線資料與地圖

路線 88K ⇄ 路線 87A
八達通卡轉車試驗計劃

九巴將於一九九九年五月十日至八月九日，於路線 88K 及路線 87A 進行八達通卡免費轉車試驗計劃。

詳程如下：

八達通卡轉車方法

由駿景園往大角咀

乘客若利用八達通卡乘搭路線 88K（往顯徑方向），於登車後九十分鐘內再以該八達通卡轉乘路線 87A（往大角咀方向），便可免費轉乘路線 87A（現金支付車費恕無優惠）。

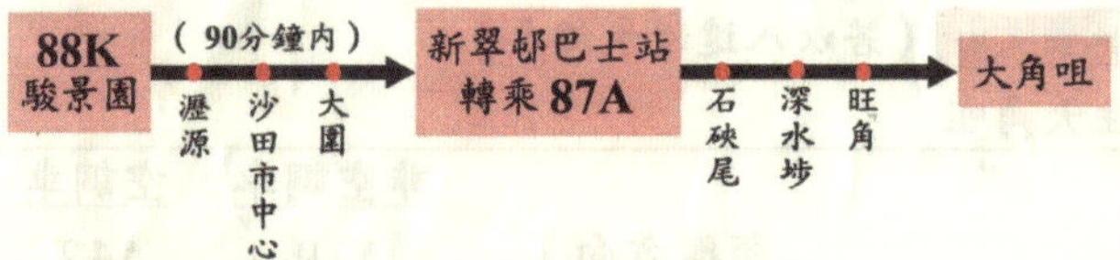

由大角咀往駿景園

乘客若利用八達通卡乘搭路線 87A（往博康方向），於登車後九十分鐘內再以該八達通卡轉乘路線 88K（往駿景園方向），便可免費轉乘路線 88K（現金支付車費恕無優惠）。

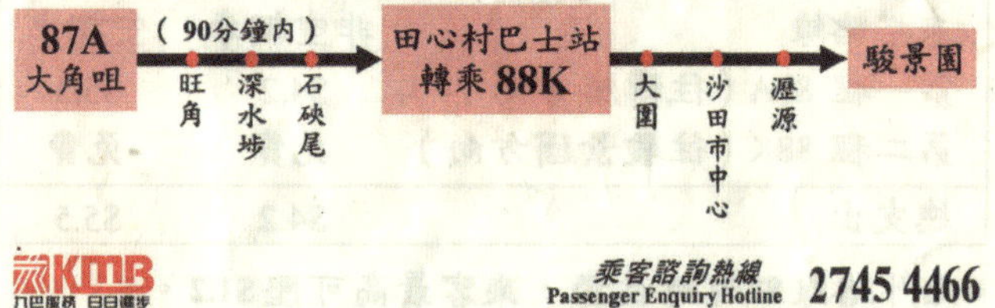

KMB 九巴服務 日日進步

乘客諮詢熱線 Passenger Enquiry Hotline 2745 4466

87線（瀝源─維港灣）取消，九巴為88K（顯徑─駿景園）及87A（博康─維港灣，後改為博康─旺角柏景灣）線加入首個八達通轉乘優惠

九巴為宣傳轉乘優惠，設計了一個站牌紙套

膠牌、站牌、退役巴士零件

在車票、官方刊物、單張以外，交通迷還會搜羅車輛內的小部件。

東京中野ブロードウェイ，和前述提及的秋葉原書泉書店，有售賣各式各樣的退役鐵路零件的貨架，而且價格相宜。一個退役列車的扶手吊環，只是五百至八百円左右， 2022 至 23 年折合約港幣三十至四十五元。

同年退役的港鐵「烏蠅頭」，車內的扶手吊環成爲慈善義賣的產品，售價爲四百八十元，限量三百八十個，且旋卽被炒高至過千元。

巴士的退役零件則大多來自「劏車場」。 車場拆毀退役巴士時，把不少巴士的小部件保留，例如舊巴士的路線和目的地膠牌、落車按鐘掣、座椅、車廠型號標誌，以至巴士站牌、路線圖等。這些物件對於「劏車場」本來不值錢，但落至巴士迷的手上，卻是珍貴的文物，少則數百元，也有不少被標價數千元。

退役巴士座椅更是零件中最受歡迎。有的被改裝成辦公室座椅，甚至「反攻」至非交通迷的大衆市場，在網上大賣，而城巴也曾出售這些舊巴士座椅。

值得一提的是，在COVID-19疫情期間，不少航空公司因疫情而陷入財政危機，乾脆把飛機上無用的舊餐車出售，這些舊餐車動輒索價七、八千元，仍在短時間內被搶購一空。

用作慈善義賣的「烏蠅頭」扶手吊環

D5
小心倒後

9

親身考牌，殺入業界，提出政策倡議

閱讀難度 ▙▙▙▙▙

親身考牌，殺入業界，提出政策倡議

交通產業非常龐大，前線有司機、站務員、站長、控制室人員，後勤有工程人員、管理、規劃、財務、公關，以至體制以外的政策倡議，當中不少從業員是交通迷。

交通迷只是「在野」地遠觀交通嗎？如何進入業界？
業界又是否歡迎交通迷？
進入公共交通機構後，交通迷會如何奉獻熱情？
如何把交通迷的目光帶到公共政策層面？
交通迷爲香港奉獻過什麼？

身為交通迷的我，考了一個巴士牌

交通迷能以交通為業固然幸福，很多非技術工作，例如巴士公司的「維記」（站務助理）和鐵路公司的「波板糖人」（車站助理）都是入門選擇。若你不滿足於此，這個「幸福」便有門檻——做工程、管理等必須具備專業知識；若要駕駛車輛，起碼要考牌。

先講鐵路：香港是沒有「鐵路牌」，能駕駛鐵路的，本來都是在港鐵、電車、山頂纜車工作。所以，駕駛鐵路，必然與職業掛鉤（電車和輕鐵因要與其他車輛共用路面，需要有私家車駕駛資格）。簡單而言，在面試成功後，就能受訓成為車長。

巴士就不同。理論上，大家可以買巴士或小巴自用。別忘記，除了專營巴士外，旅遊巴、小巴、校巴、廠車等也是巴士。除了進入巴士公司考牌外，還有自行考巴士牌的選擇。

我為了解進入業界的第一步——考牌的過程與感受，便在成書之間，把全部客貨運牌照考完。

香港的各類車牌

我在2012年考獲第一個車牌（1）私家車、（2）輕型貨車。九年後，我想起自己雖然喜歡公共交通，但沒有巴士牌，生命好像有所缺欠。眼前出現兩條路，進入巴士公司學車的話，公司會安排約兩星期的密集訓練，不需學車費用，但考牌後要在巴士公司工作最少一年，否則要歸還約一萬二千元（2022年資料）的學車訓練費用。像我一樣，有工作在身的，只能行第二條路：找坊間的師傅學車。

香港一般可以報考的駕駛執照，基本的私家車、輕型貨車、電單車、機動三輪車可理解成Level 1。要再升級學「商用車」，大概可分成「客運」與「貨運」。客運之路，包括：（4）私家小巴；（5）公共小巴；（6）的士；（9）私家巴士；（10）公共巴士，及（17）專利公共巴士，全部在完成Level 1後可以直接報考。至於貨運之路比較複雜，有Level 2 的（18）中型貨車；（19）重型貨車；而考獲其中一種貨車後，就可以挑戰終極的Level 3（20）掛接式車輛，即是拖頭、貨櫃車。

香港學車之路

Level 1	（1）私家車（2）輕型貨車
Level 2 最少持有私家車牌一年 才可報考商用車牌	**客運之路** （4）私家小巴（5）公共小巴 （6）的士（9）私家巴士 （10）公共巴士（17）專利公共巴士
Level 3 最少持有中型或重型車牌 才可報考	

尋找巴士師傅

朋友的父親是私家車教車師傅，於是問他可否介紹一個教巴士的行家。不同的車種都有私人師傅，從私家車到拖頭都有，唯獨是巴士和小巴，只能找坊間的駕駛學校——「無師傅可以自己養得起一部巴士㗎」。

香港教車的師傅有兩種，一種是香港駕駛學院的導師，手上的是「學院牌」——他們只能在學院教車，一旦離職，就會失去教車資格。另一種是私人師傅，即是其他駕駛學校（例如鏗鏘、李健）或私人執業的師傅。其他駕駛學校的師傅擁有私人執照，由駕駛學校提供車輛、維修與油費，屬於公司僱員。以貨櫃車拖頭爲例，每次入油費用（2022年12月價格）就要七千多元，大概可以用一個星期左右——教商用車的開銷之大，不是一般私人執業者負擔得起。

（3）電單車（22）機動三輪車

貨運之路

（18）中型貨車

（19）重型貨車

（20）掛接式車輛

（即是拖頭、貨櫃車）

要成爲一個教車師傅，第一件事需要什麼？技術？經驗？教學方法？全錯，是運氣。

以私家車／輕型貨車師傅爲例，2009年發牌四百六十個，三萬三千人申請；2020年發牌五十七個，共收九百二十五份申請。也就是，若你在2020年打算報考私家車／輕型貨車師傅的資格試，運輸署收到申請後先抽籤，申請編號爲一至五十七的申請者能獲考試資格，有人不合格，五十八號的申請者才有機會考試。換言之，考試必須一Take 過，沒有重考的機會。

先勿論經驗和教學能力，坐在你旁邊教車的，必先是一個幸運的人。

巴士的考場

自行跟坊間駕駛學校的話，香港只有四個試場。不計香港駕駛學院的兩個，還有荃灣德士古道和柴灣常安街駕駛考試中心。考巴士也有棍波與自動波之分，各間學校以不同牌子的單層旅遊巴作學車，大部分是日本和德國幾個廠牌：五十鈴、日野、平治等。有些國家的廠牌，常被詬病避震差和難入波，我未敢去試，不便評論。

運輸署對每一款車種都有定義。「巴士」最少要有三十六個座位，長7.1米。這也解釋了，爲何訓練巴士也有乘客座位。

我第一次學巴士，在柴灣巴士廠外。感受是：「哇！(架車) 闊到呢！」巴士的闊度，已接近用盡市區一般行車線的寬度。要完全在自己的行車線行駛，對初學者而言，已殊不簡單；而且商用車要用兩次離合器操作，例如從三波轉二波，要先踩離合器（極力子），把三波轉成空波；右腳在空波時踏油門補油；完成後入二波。這個動作，要兩秒左右完成。

巴士考試必須同時通過口試、泊位、調頭、斜路停車開車和路試才可合格。合格後，只會獲得一個（4）私家小巴和（9）私家巴士——要駕駛眞正營業的公共巴士，還要自費上一個基礎課程和兩個職前課程，內容包括簡單維修、載客法例、禮儀、緊急情況處理等，考試合格才會獲得（5）公共小巴和（10）公共巴士牌。

一個風流牌的緊張

當然，「巴士牌」於我算是「風流牌」，全爲滿足自我，簡單而言就是「玩」。 即使不合格，我還能駕駛私家車、輕型貨車，而我的工作也與駕駛無關。但「玩」是我人生最重要的事！我也順理成章地緊張起來。

考一個風流牌，爲何如此緊張？每次到杏花村巴士站，等待師傅過來接我時，我就開始陷入麻痹狀態，意識綳緊。更具體形容，就是半個人浸入一碗大辣麻辣米線，呆呆滯滯。愈驚，就做得愈差，師傅就愈來愈多不滿。每次練習完畢下車，常檢討的問題是我遺傳了家族的「緊張基因」，還是巴士迷的身分，使這個「風流牌」變成尊嚴問題？

每晚闔上眼，就是考車路線——在腦中假設一切可能；坐巴士時，也會搶着坐上層右邊前排，左手在空氣中模擬舞弄波棍，右手軚盤打燈，頭望鏡，腳踏在無形的油門逼力極力子。你坐在我旁邊，像看着個扮司機的白癡。

結果，一考再考才合格。這個柴灣試場，還有考中型貨車。本來只想考巴士牌，但既然是同一試場，試題相近，不妨一考。中型貨車合格之後，不如再考車牌中最難的貨櫃？如是者，花了兩年時間，不知不覺把所有車牌考完。

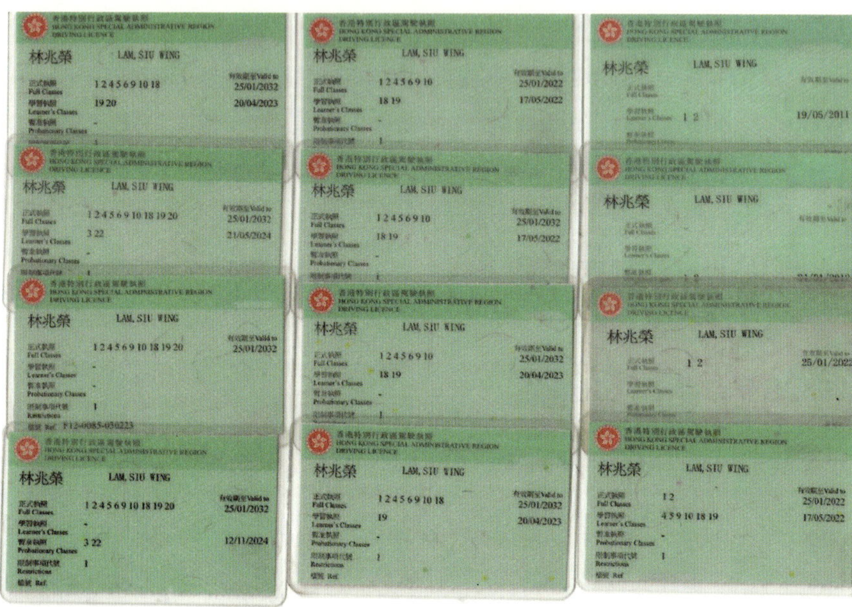

我所有車牌的合照

我的巴士牌「畢業相」

我的終極學神貨櫃車「畢業相」

走進業界的交通迷

在業界中，不難發現交通迷的身影。

巴士迷Steven是從九巴車長訓練學校中考獲巴士牌。他是工程師，在香港大學土木工程系畢業。畢業前的實習，沒多想就選擇了九巴，而這個實習機會，是由在九巴任職的同系師兄創造，希望師弟妹更早認識業界。

夢幻之旅自此開始。Steven面試時沒有掩飾巴士迷的身分，講了不少巴士行業術語；獲取錄後，他被派往策劃及發展部，負責路線分析。

觀察、統計，分析路線

最初幾個星期，Steven被指派到車站觀察、統計，如一早前往大學站點算乘客、跟車看路線上落人數——這樣看似簡單的工作，是規劃巴士路線的最基本數據。掌握這些載客量（Ridership）數據，就知道乘客的乘車模式（Travel pattern）。就如，不少人的乘車模式是呈「三角形」——住在沙田，在觀塘上班，下班後去旺角晚飯，最後才回家，簡單說明模式不一定是一來一回。

學習這些交通工程後，他主要分析路線373A（粉嶺華明－灣仔北，今978）。東鐵綫過海段通車後，乘客會否轉搭鐵路？乘客的學歷、工作、年齡層若何？有些乘客使用「多式聯運」

（Multimodal），早上乘坐鐵路或郵巴往港島，下班卻乘搭巴士回粉嶺，爲何乘客有此選擇？他們覺得什麼最重要，車資、座位，還是班次？若要延長車程，乘客的容忍程度有多大？

乘客的選擇，背後牽涉不同的行爲或思考模式，很難透過路線圖作純粹的推斷。中環與金鐘在港鐵路線圖上只有一站之距，但前往中環和金鐘的乘客，對於東鐵綫過海段通車後，應該繼續乘坐巴士還是改乘鐵路，原來有顯著的差異。由粉嶺前往中環站的乘客，始終需要在金鐘再轉乘港島綫，倒不如直接坐巴士「一程過」？這些都是巴士公司需要了解與考慮的。

最後，Steven 在九巴運輸發展總監施偉廉（Mark Savelli）前作研究報告。施偉廉之前曾在新巴任職，開拓了將軍澳業務，並在一系列廣告中以「將軍」形象粉墨登場。能在巴士界「明星」面前報告，Steven 顯然相當興奮。

實習在兩個月後完成，Steven 返回校園，後來在大型公路工程擔任見習工程師。

幾年後，Steven趁專職之間的半年空檔，再次加入九巴，成爲半職車長。通過面試後，巴士公司安排了一部私家車予Steven試車，完成泊位，圍繞九龍灣車廠行一圈後，就回家等消息。一般來說，九巴在集齊一定學生數量後便會開班，一星期六天，朝八晚六，密集式訓練新一批車長。

當時，九巴的考試用車是單層冷氣巴士富豪 B7RLE 型空調12米（Volvo B7RLE AVC）。這部巴士是車隊中迴旋半徑最大的，即最容易「轉彎」的一款。六天的訓練看似短暫，但練習時數比我自行找師傅多出一倍。課程包括理論和路面練習，每位師傅一部車，二人一組，梅花間竹練習。考試當日，運輸署考牌主任會到達九巴監督考試：上午泊位，下午路試。若不合格，就要等下一次開班了。

根據2022年運輸署紀錄，經巴士公司應考的專利巴士考生有一千一百一十一人，七百五十四位合格，合格率達72%；經坊間駕駛學院和私人師傅的考生有四千三百六十五人，一千一百一十位合格，合格率只有37%。值得一提的是，考小巴的考生僅三百三十二人，合格的只有三十七人，合格率17%，爲所有車種考試中最低。其他商用車輛（中／重型貨車、掛接車）路試，合格率也只有20至36%。

Steven順利合格，還要經過路線訓練才可正式載客。他首次駕駛巴士，就是負責路線89X（沙田站—觀塘翠屏道），由一位俗稱「奶爸」的資深車長指導。他自言，考到巴士比考獲專業資格時更開心。

在利潤與方便之間，策劃一條路線

2013年，一則〈狀元棄厚職轉當車長〉的頭版新聞，引起社會轟動——主角梁頜彥原本在會計師樓做融資工作，後來因興趣加入九巴，成爲車長。當車長半年後，他獲邀參加路線策劃。當時有大學學歷的巴士車長其實不少，但都像工作假期一樣，希望爲人生增添經歷，因此流動性很高。巴士公司很重視這些既有前線經驗，又有學歷的人才，希望以其他部門崗位挽留他們。

梁頜彥本來就喜歡研究巴士路線，而參與路線策劃後，他迎來其中一個生涯代表作：290系列路線。這路線起點是他居住的調景嶺，經過將軍澳的坑口寶琳、秀茂坪、順利、彩虹、黃大仙、葵涌前往荃灣。社區人士已爭取這路線二十年，當中西貢區議會（將軍澳屬於西貢區）及觀塘區議會對路線持不同意見，西貢區區議員希望採用更快的路線，避開屬於觀塘的秀茂坪、順利邨一帶，而觀塘區區議員當然反對。最終，這條路線變成起迄點相同，但途徑路段「一快一慢」，梅花間竹地開出，並由九巴投得，這便是由梁領彥籌劃的290（坑口北－荃灣西，不停秀茂坪、順利邨）和290A（將軍澳彩明－荃灣西）路線。在首航日，他特意向公司申請，駕駛這路線的頭班車，猶如看見自己親生仔「出生」一樣。

以上的故事不難在報導中看見，但當「路線策劃」不再是在論壇紙上談兵，不再單純從街坊角度發聲，這個「身位」是怎樣一回事？

網上論壇和社區中，常有關於巴士路線的評論，包括我在內，時常對巴士路線有微言：「點解巴士公司唔咁咁咁做？」巴士公司的職員即使想不到，也會在網上留意公眾的意見（俗稱「Mon post」），但站在公司角度，就必須顧慮公司利益。

「呢個就係一間私營巴士公司Through Franchise營運公營巴士服務嘅矛盾點」，私人機構必須確保有盈利，公共事業則講求責任；巴士公司既是私人機構，又是公共事業，自然站在一個難以符合所有要求的位置。

在機構中的交通迷

早年各大論壇有傳，應徵者若被巴士或鐵路公司得悉交通迷的身分，對加入公司有影響，認爲你不認眞，只是爲了玩，又或交通迷比較難相處。但是，巴士和鐵路公司裏一直有交通迷的存在，到底運輸機構對交通迷加入公司抱持什麼態度？

曾擔任九巴副總監的梁領彥表示，每當有巴士迷申請職位，他都會格外留意。巴士迷對路線、行業、機械運作熟悉，對工作自有幫助，只是有時對行業太過熟悉，反而失去一種「Freshness」，也有機會引伸其他問題。

他舉了一個例子。有一年，廣告部問他，現時生意眞的這麼好嗎？爲何一直不夠巴士貼車身廣告，讓客戶一直排隊？經仔細查探之下，除了有巴士遲了取下車身廣告，在九巴的四千部巴士中，有些巴士竟然五年內不曾貼過廣告，如樣辦車，或是各型號的「一哥」（同一型號首架被編號的巴士）從來不會上廣告。

後來，他們發現有疑似巴士迷的員工說，樣辦車不能上廣告，問他們原因也問不出究竟。大概有巴士迷覺得九巴刻意讓特別車輛保留在「無添加」（沒有廣告）的狀態，是以後來九巴在樣辦車上貼廣告，就引起很大迴響。有巴士迷覺得這些巴士像被「玷污」了。若然員工的思維被既有框架綁住，對公司來說，未必是好事。交通迷對行業熟識，可讓工作事半功倍，也可是事倍功半。

知識與熱情歸於人民——交通迷的政策倡議

如果沒有打算進入業界，那麼交通迷的知識，除了用作自我娛樂，或是偶然給親戚朋友帶路外，還有價值嗎？

雖說路線、用車、改道、設站、延線等，看似只有交通迷關心，但公共交通是衆人之事，是關乎城市地理，也影響社區和市民的日常生活。若然交通迷的熱情放在政策倡議上，又會有怎樣的效應？

交通是眾人之事

雖然陳嘉朗不是第一位參與公共事務的交通迷，但以交通迷身分進入政策倡議，仍是先驅之一。早在2002年夏，政府提出清拆有近百年歷史的尖沙咀天星碼頭巴士總站，並改建成露天廣場；期間方案不斷修改，最終訂爲把巴士總站的用地變成公共空間。爲要保留原有特色，方案建議把丹拿A型古董巴士和古董火車（因旁邊土地原爲九廣鐵路尖沙咀火車站）放置在廣場；另外，擴建天星碼頭，增加商店及戶外餐廳的空間。

當時彼岸的中環天星與皇后碼頭的爭議，剛因一刀切清拆而落幕。2008年，5號巴士（富山邨－尖沙咀碼頭）將總站從尖沙咀碼頭遷往尖東麼地道（後於2010年把總站遷回尖沙咀碼頭），被視爲遷拆巴士總站的序幕，旋即引來交通迷及公衆關注。

陳嘉朗成立「尖碼之聲」爭取保留車站，也多次向政府及公衆解釋保留總站的理據，如拆卸總站將使海陸接駁消失，天星小輪乘客大減——不只講感情，乘車乘船本來就是非常實際的事。

「尖碼之聲」在街頭收集簽名，又向主要營運天星碼頭巴士路線的九巴請願、向立法會交通事務委員會提交研究報告書，也在Facebook和網台向市民解釋理念。「尖碼之聲」針對的遠遠不只是保留巴士總站，成員把專業目光放在整個都市及旅遊規劃——改變總站用途，本來是想爲旅客建立新的「旅遊景點」，但旅客到底想要什麼？當代的遊客是否只渴求景點，還是追求城市的眞實體驗，尋找當地的原眞（Authenticity seeking）？

他們同時關注其他公共交通問題，如尖沙咀區內的旅遊巴泊位一直爲人詬病。即使旅遊巴在合法上落客區接載遊客，由於上落客後必須立即離開，有時部分遊客稍遲上車，司機就有機會接到告票，這又該如何解決？

另外，他們也爭取古物諮詢委員會對整個天星碼頭建築羣評級，進而檢討香港歷史文物評級制度。交通迷進入政策倡議，並不會爲自己劃界，人類世界的一切，就是千絲萬縷。

最終，政府在2012年擱置清拆總站。成功保留巴士總站不代表一勞永逸，總站的使用仍歷多番暗湧，如2018年，香港園景師學會再次提出改變總站土地用途，理由是本港交通網絡不斷發展，碼頭接駁巴士的功能已大大減低，應該釋放空間及便利行人通達，甚至再度提出將古董巴士放置碼頭，「尖碼之聲」也再次發聲明，表達保留總站意見。

時至2024年，尖沙咀碼頭巴士總站仍在運作。而陳嘉朗在2019年當選尖沙咀西區議員，後成爲油尖旺區議會交通及運輸事務委員會主席，自言是人生中最大光榮——交通迷在區議會內也曾擔當着重要角色。

交通迷的社會關懷

2001年，陳嘉朗加入香港復康會旗下的易達巴士，這是他第一份全職工作。涉足無障礙巴士這個板塊的巴士迷不多，他是第一人。易達巴士剛剛成立，未有太多制度，有不少空間作不同的嘗試，甚至因爲巴士迷這身分，他把這些接載老人家看病的易達巴士引進「巴士大集會」，讓無障礙服務進入巴士迷的目光之中。後來，無障礙巴士成爲他在逢甲大學運輸與物流學系的碩士論文題目。

本是社工的鐵路迷紀俊安，創立了鐵路迷專頁「火車未到站」，還充當政策倡議的責任。他其中一個最關注的議題，就是港鐵票價問題，不是單純的「加價」或「加幅」，而是新路線如屯馬綫南九龍段通車後，打破了固有鐵路收費框架，造成票價不合比例的情況。例如，同樣站數，同樣距離，鑽石山往何文田比往觀塘貴三元。除了提出這些問題，他也曾去信給立法會議員，卻依然無人受理；直至路線即將通車前，也就是他提出問題的兩年後，公衆才開始關心這個問題。

事實上，這個問題早在2007年兩鐵合併時已開始出現，九廣鐵路與地鐵的收費模式相異，很容易出現「短貴長平」的怪象。港鐵的策略，是在每次調整車資（也就是加價）時把差異收縮，但問題在屯馬綫全線通車後尤其明顯：何文田、紅磡、尖東、柯士甸、南昌、美孚站在屯馬綫通車前已存在，本有六種前往各站的方法，從而有六種計算車資的算式。現在連成一線，車資卻各有參照。例如，以2023年票價計算，從馬鞍山站出發，前往何文田（十三個站）比南昌（十七個站）更貴——何文田票價是在觀塘綫延長至黃埔時，以「馬鞍山—九龍塘」車資加上參照「九龍塘—佐敦」車資計算；而南昌票價則是兩鐵合併時，參照「馬鞍山—九龍塘」加「九龍塘—南昌」計算。

車資的邏輯，是「火車未到站」其中一項重要工作。但是，紀俊安不只是拿着收費表尋找錯處，而是把問題拉到宏觀政策層面，也走進社區看看居民需要，甚至走進學校，向學生展示票價如何擬定、如何影響居民乘車取向與習慣。

「巴膠」「鐵膠」在區會

陳嘉朗在2020至2021年間擔任油尖旺區議員，並成爲該區的交通及運輸委員會（交運會）主席。交通最容易涉及跨區討論，不能各自爲政，而且有些區議會中，沒有交通迷議員，於是他拋出橄欖枝，開了一個十七區（不包括離島）交運會正副主席的羣組。

以往，不少交通議題因各區缺乏了解和溝通，一旦遇上兩個議會意見不同，運輸署就傾向一切維持原狀。陳嘉朗希望透過溝通，使各區議會互相了解：「元朗區議員想新增巴士線前往尖沙咀，油尖旺區議會反對，原因是彌敦道會大塞車。如果雙方可以好好溝通，甚至有人建議新設的巴士線改行廣東道，事情就變得可行。」當爭取路線之前，若區議會自行協調，一切就變得順利。

除了處理政府與區議會之間的問題，陳嘉朗也負責協調各小巴公司。營運小巴公司衆多，關係錯綜複雜。每家公司的營業範圍，就像被分封的「食邑」，若有小巴想更改走線，一碰到另一家公司的「食邑」，自然就會遭反對，結果所有建議皆束之高閣。

2020年，商譽甚佳，也相當關心業界的捷輝小巴公司敵不過疫情而結業，旗下多條主要由黃埔出發的路線停止服務，使各小巴營辦商坐下磋商。透過處理這次危機，陳嘉朗與小巴公司也順道改善了很多走線。一早經過協調分配，所有建議都能順利通過。

交運會關注的當然不只巴士鐵路小巴，道路也非常重要。運輸署知道陳嘉朗熟悉交通，有時在會議前與他討論道路改動安排。「坦白說，例如中九龍幹線，大部分改動都不在我的選區進行，但我因交運會主席身分，參與了不少其他選區的工作。以往若對自己的選區有影響，區議員必會提出反對。我向他們解釋，改善工程就要這樣做，沒有更好的辦法。」

與陳嘉朗同期，青衣長大的巴士迷張文龍曾是葵青區長安選區議員。島內交通問題甚多，凌晨巴士線N241（紅磡站－長亨）「又兜又慢」、41號（長青－九龍城碼頭，2023年停辦）也是迂迴曲折，而且區內沒有往港島東的巴士。張文龍成爲區議員後，立即與巴士和小巴公司商議，相討改善服務的可能，甚至曾經和地區工作的友好一同租用巴士，免費載街坊實測一次路線，並以此作爲樣辦向運輸署建議路線，最終成爲948E線（青衣站－太古，屬於特別班次）。路線趕得及在他短短的任期中誕生，是他在區議員生涯中最感動的時刻；至2023年秋，路線已兩度加班，足見需求。

張文龍說，成功爭取948E之前，他曾提出希望新增一條由青衣前往港島東的路線。當時運輸署的回覆是，居民可乘搭路線42A

西馬連成一線

中長程車費今年執成點？

屯門 GO
/兆康/天水圍/朗屏/元朗

	尖東	紅磡	何文田	土瓜灣	宋皇臺	啓
成人八達通現時車費	$21.7	$21.7	$20.6	$21.7	$21.7	$21
成人八達通加價後車費	$21.8	$21.8	$21.3	$21.8	$21.8	$21
2023年度加幅	+$0.1 (+0.46%)	+$0.1 (+0.46%)	+$0.7 (+3.40%)	+$0.1 (+0.46%)	+$0.1 (+0.46%)	+$((+0.4

現時車費差距：紅磡↔何文田 $1.1；何文田↔土瓜灣 $1.1
加價後車費差距：紅磡↔何文田 $0.5；何文田↔土瓜灣 $0.5

烏溪沙 GO
/馬鞍山/恆安/大水坑

	大圍	顯徑	鑽石山	啓德	宋皇臺	土瓜
成人八達通現時車費	$7.3	$7.3	$11.3	$11.3	$12.6	$12
成人八達通加價後車費	$7.5	$7.5	$11.6	$11.6	$12.9	$12
2023年度加幅	+$0.2 (+2.74%)	+$0.2 (+2.74%)	+$0.3 (+2.65%)	+$0.3 (+2.65%)	+$0.3 (+2.38%)	+$0 (+2.3

TRAIN NOT ARRIVING 火車未到

專頁「火車未到站」在社交媒體，利用圖表向大眾解釋車費問題

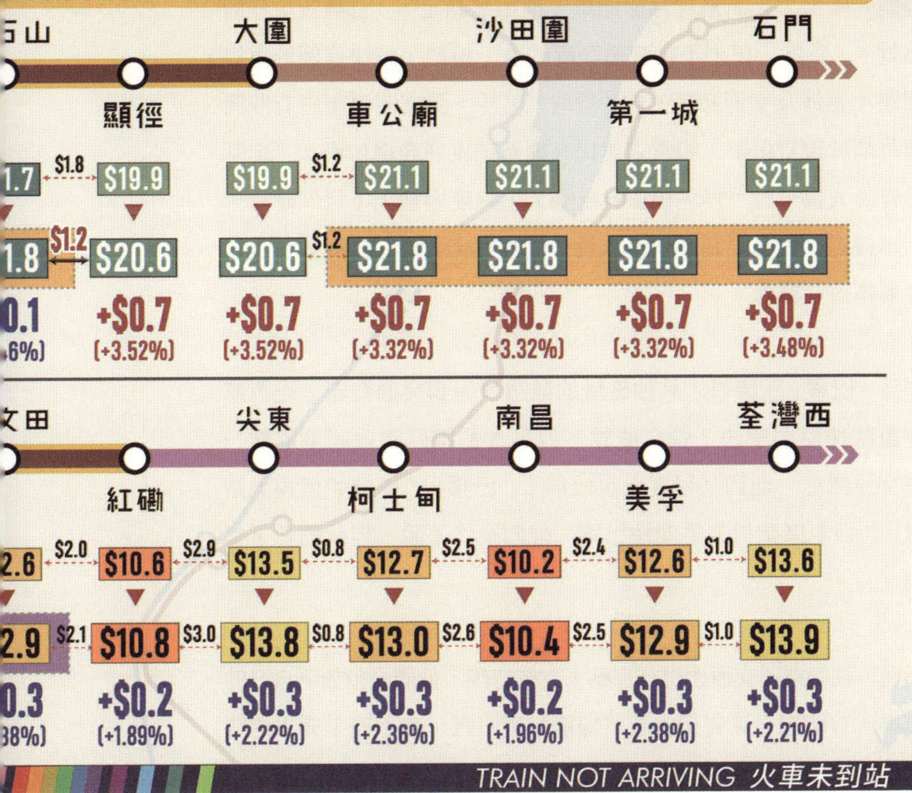

來往新界西及九龍中至城河東車費 趨向歸一
新界西往何文田、顯徑及大圍票價來年將再提高跟毗鄰車站車費相同
來往前馬鐵車站及何文田至美孚車費 待理順
歷史緣故製造不平衡車費 若要歸一需慎重處理以減少對乘客影響
大圍
沙田圍
石門
顯徑
車公廟
第一城
$1.8
$19.9
$19.9
$1.2
$21.1
$21.1
$21.1
$21.1
$1.2
$20.6
$20.6
$1.2
$21.8
$21.8
$21.8
$21.8
+$0.7
(+3.52%)
+$0.7
(+3.52%)
+$0.7
(+3.32%)
+$0.7
(+3.32%)
+$0.7
(+3.32%)
+$0.7
(+3.48%)
尖東
南昌
荃灣西
紅磡
柯士甸
美孚
$2.0
$10.6
$2.9
$13.5
$0.8
$12.7
$2.5
$10.2
$2.4
$12.6
$1.0
$13.6
$2.1
$10.8
$3.0
$13.8
$0.8
$13.0
$2.6
$10.4
$2.5
$12.9
$1.0
$13.9
+$0.2
(+1.89%)
+$0.3
(+2.22%)
+$0.3
(+2.36%)
+$0.2
(+1.96%)
+$0.3
(+2.38%)
+$0.3
(+2.21%)
TRAIN NOT ARRIVING 火車未到站

（長亨－佐敦西九龍站）或44（青衣邨－旺角東站）到美孚，轉乘102號（筲箕灣－美孚）。即使沒有直接路線，應該沒有人採取這種轉折方法吧？但這偏偏是官員的回覆。

經過一輪努力，新路線終於通車，他相當滿足，「有種親生仔的感覺。」當然，巴士不是交通範疇的唯一板塊，解決違例泊車等問題，也涉及交通知識。在「爭取」以外，張文龍也明白有些問題是基於現實侷限，如青衣居民長期希望東涌綫增加班次，但基於青馬大橋一段，爲免橋樑負重過大，只能容納上下行同時有一列車經過，因而限制了列車數量，沒有對交通深入了解，很難清楚解釋這些概念。

作爲「巴膠」區議員，其他區域的區議員遇到交通難題，是否都會邀請他協助解決？張文龍說，他每次都跟區議會同事解釋一些交通概念，他們某程度上也成爲了「巴膠」，學懂如何規劃路線。「很多區議員都是隱性巴膠。他們雖然不說，但我們私下都知。」

不過，就如前述交通迷也有盲點，有些時候，他們必須放下自己的思維。有時巴士迷覺得，若路線能夠更直接，省下兜來兜去的時間，整條路線就更有效能；但張文龍的經驗是，每當路線改道，甚或車站僅搬往幾個街口外，街坊已經覺得不習慣，尤其是年長的街坊，甚至不知如何出行。所以，改道的問題，必須小心處理。

青衣道路網絡本就充滿缺乏。有些路線一繞進去，隨時耗費十數分鐘，但不繞路的話，整個社區就會被犧牲。不只是青衣，香港本來就存在不少沒法途經，只能繞經的「盲腸社區」（如新田圍），或公路旁邊的小型社區（如亞公角、白石角）。如何權衡資源、居民的忍受能力與習慣，都是「落區」所面對的挑戰。

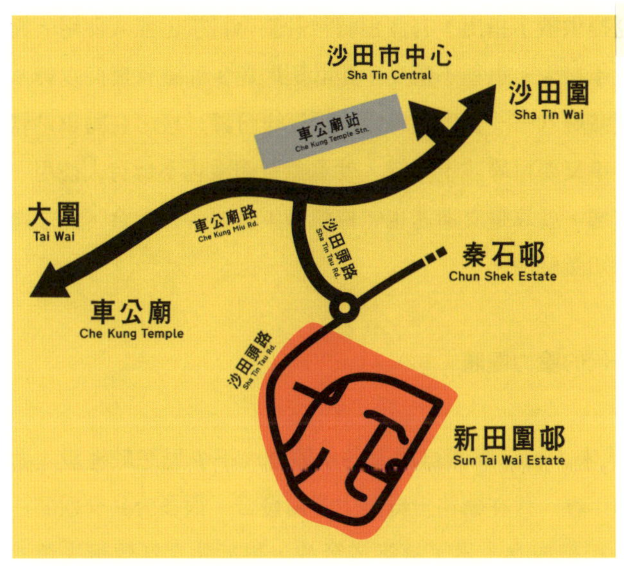

新田圍邨只有沙田頭路連接其他地方，是「盲腸社區」一例

南區區議員柴文瀚是香港最早以交通迷身分聞名的區議員。他在2004至2019年擔任南區區議員，南港島綫開通是他任內最漫長而重要的工作之一。他其中一個最大感受是，在交通迷的角度看到市民、政府和運輸機構之間的角力。

街坊或乘客最基本要求是準時方便，路線設計與票價次之，而在香港，公共交通營辦商是「私營官管」原則，導致兩者有根本衝突。二戰後，多國發現純公營的公共服務效率不佳，於是出現國有外判；但在香港，公共交通爭議有如「三國演義」，乘客 vs 政府 vs 營辦商，爲求做到自己目標，各出奇謀。在制度弱勢下，處理問題方式過於容易因人或事而異。

自言身處「三國」中間的柴文瀚，看見大欖和城門隧道的轉車站做得相當不錯，希望在南區提供相近轉乘優惠，結果計劃推出後，新巴提供數字指出，有個別轉乘計劃全日接近無人使用，證明乘客並不接受。這種不接受不是計劃問題，而是營辦商以轉乘爲名，削減班次——當巴士班次接近三十分鐘一班，在轉車站轉乘另一班車又要再等三十分鐘，就算免費轉乘也不會有人使用。要改善交通，就算是交通迷也一樣棘手，需要各方配合，無法運用自己的知識解決。

後區會時代的壓力團體

2010年代末，社交媒體已深入各年齡層，不少思想較進步、關心社區的年輕一代在網絡上爲民生議題發聲，很多公共交通關注組在此時相繼成立。爲了搞笑或發洩，也反映交通政策失誤的「每日X官塘老母」羣組，時時刻刻有居民，或在觀塘上班的打工仔貼上對混亂交通的憤怒，如塞車、交通意外照片。大家破口大罵，也把討論從發洩提升到政策討論，「官塘老母」更曾成爲一時潮語。不只觀塘，大西北也有「屯門公路塞車關注組」，功能相近。畢竟，每次發生屯門公路交通意外，隨時擠上一個多小時。想像一下，你在上班途中遇到擠塞，只要一上Facebook，總會有人在擠塞源頭拍照。縱然在路上停留不動，起碼大家知道馬路上發生事故。

2020年，「沙田交通關注組」等壓力團體成立。這一年，香港公民社會迎來極大轉變，大量區議會席位因議員辭職而懸空，各個關注組變得非常重要。每當交通路線改動、重要倡議，或有交通工程資訊發布等，都能在關注組的社交媒體找到相關消息。

關注組的公衆面向，甚至比區議員、運輸署及交通機構更爲緊密。例如，2024年沙田鄉事會路、大埔公路一段高架橋重整工程完工——行車線一改駕駛者五十年來的習慣，不少私家車、貨車進入了只限巴士駛入的沙田市中心總站，引發交通大混亂，險象橫生。「沙田交通關注組」早就發文提醒駕駛者，改道當日也在現場觀察記錄，拍片上載至網上。截至3月尾，當區兩個區議員的兩個Facebook 帖文，合起來才有四十多個Like——「沙田交通關注組」兩則帖文和影片，加起來就有二千多個Like、三百條討論。另一個巴士專頁「巴膠」工程師在Instagram 拍下的改道提醒片段，更錄得一百萬次瀏覽紀錄。

交通迷若有足夠的專業知識，又或認眞研習，可以進入業界，也可以成爲公民社會的一部分，讓更多市民因着這些資訊受惠。交通迷爲世所用的方法遠比想像多。雖說興趣與愛不一定要「有用」，但若有人說「巴膠」、「鐵膠」有乜用，請介紹他們看這一章。

10

那些你的、他的對交通迷的印象

閱讀難度

那些你的、他的對交通迷的印象

閉上眼，試試想像交通迷的形象、衣着打扮，你會想到什麼？這個形象是從何而來？爲何我們眼中的交通迷，衣着都比較「毒」？

很多人談起交通迷，都有一種刻板的想法。

既定的造型，誇張的談吐，不理他人目光的舉止。他們的行徑，經過傳媒的報導，經常在網上被人討論，彷彿「交通迷」只有一個模樣。有的人直接把交通迷扣上了自閉、亞氏保加，用以解釋他們的行徑。

這是事實，還是迷思？
爲何我們會覺得交通迷，甚至部分歌迷、影迷怪異？
是不是所有交通迷都是「自閉」？
爲何我們在街上，很難看見女性交通迷的身影？她們存在嗎？

交通迷的既有形象

網上論壇和大眾媒體中對巴士迷、鐵路迷的看法多帶有偏見，多以「巴膠」、「鐵膠」稱呼，他們都是：年輕男性、不善言辭、無法溝通、「毒」[1]；瘋狂、奇怪、無禮、旁若無人、自閉、亞氏保加、口齒不清、語無倫次。以下是連登討論區中，討論「交通迷」的題目舉偶：

點解巴膠鐵膠好似特別多騎呢怪？
點解鐵膠全部都係男性？有冇人可以從科學角度解釋？
另一半係巴膠鐵膠嘅話拍拖地點你會唔會投其所好？
飛機膠vs 鐵膠vs 巴膠，邊個最毒最油頭？
每次打風都見識到班風膠（按：颱風愛好者）仲癲過巴膠鐵膠

影視中的巴士迷

2010年，TVB推出劇集《女王辦公室》，是最早把交通迷納入角色的電視劇。吳卓羲飾演的凌笑淇常穿格仔恤衫，不擅辭令、害羞；辦公室桌面放着巴士模型，貼滿巴士相片，也不時提及「熱狗」、「冷馬」（空調巴士）、「黃老太」（利蘭亞特蘭大）等巴士迷術語，非常切合大眾對巴士迷的觀感。這劇集自然引起巴士迷在各論壇廣泛討論。有人認爲巴士迷被定型，但也有不少人認爲，事實的確如此，而且「我哋邊有吳卓羲咁靚仔」。

1 根據粵典，解作「專注於一種或幾種癖好，冇乜異性緣，唔擅長社交，冇乜自信；通常帶貶義」。

不擅辭令、害羞大概是不少人青春期的狀態，穿着格仔恤衫也是未有意識摸索適合自己的衣着風格。這個時期，大家不是都經歷過嗎？常在電視新聞中「爆鬧」的鐵路迷，大部分都是這個年紀。這些畫面不斷出現，漸漸成爲定型。就算有衣着光鮮，或是比較成熟的交通迷，也恥與爲伍，害怕一旦進入鏡頭，就會被歸爲同類，如是形成惡性循環——不但這種「衣着風格」深入民心，更形成同儕之間的歧視。

2022年，TVB推出劇集《食腦喪B》，劇中幾個主要角色，如余陽光（何廣沛飾）、古德明（郭子豪飾）、華倫（方紹聰飾）都是巴士迷。他們衣着光鮮，各有專業工作，驟看已走出定型。但一到他們與巴士互動的情節，還是會非常誇張地：「哇！天使面孔啊！魔鬼咁嘅傝啊！全新歐六縱置引擎佈局……」總之就是奇奇怪怪。

不過，交通迷在公衆視野中不是從來都與「御宅」、「毒」等形容掛鉤。第一章提到的《星期一檔案．巴士情眞》，幾位受訪的巴士迷都對答如流，各有自己的專業——化學老師、室內設計師、機械維修，而城巴董事總經理李日新，曾提到「巴士是載人的，如果你對人有興趣，你會喜歡巴士」，他強調的是人的連結。

1994年，TVB搞笑綜藝節目《眞過癮時代》曾訪問巴士迷，也沒有將他們矮化。第二章提及1998年《星期二檔案．越過高山越過谷》中的鐵路迷，同樣是非常有熱情且專業的一羣。至於九十年代末，香港電台的汽車節目《車水馬龍》中，每星期有一個「巴士迷俱樂部」環節，請專家來講巴士，更舉辦了一次中巴柴灣車廠參觀。

這些資訊和綜藝節目，訪問的必然是有「故事」的眞實交通迷；反之，編劇筆下的交通迷則要向大衆刻板印象下的「巴士迷」靠攏，失去現實的多元。

從不良交通迷的「戰績」談起

很多人對巴士迷、鐵路迷的印象，不太正面。一羣在街上跟着巴士東奔西跑的人，三五成羣拿着相機在路旁不斷拍攝的人士，又或是爭先恐後衝進站內的人。他們有時自行起爭執，有時與其他乘客有衝突。

這個印象，經年累月，又成爲了一個刻板的看法。於是，大衆把他們的不良行爲，以「自閉」、「亞氏保加」等囊括解釋，進而推斷所有交通迷都是「自閉」。

雖說交通迷的行爲，有時不容易理解，有的令人側目，甚至有違法行爲，可能遠超大家的想像。但是，部分交通迷的行爲，是不是眞的能代表所有交通迷？

進一步探討之前，不妨回顧過去巴士迷與鐵路迷的不良行爲。

破壞、盜竊、偷駕巴士

1998年 夏，一名熟悉巴士操作的十六歲巴士迷，在一部途經堅拿道天橋的中巴111號（坪石－中環港澳碼頭）上，用螺絲批打開後排坐墊下的鐵蓋，關閉巴士的電源，巴士失去動力，導致本來已經繁忙的路段演變成大塞車。車上乘客告知車長，該巴士迷承認此舉是爲了拍攝擠塞中的巴士。

同年，一名十六歲巴士迷從上水石湖墟盜取巴士，駕駛至貨櫃碼頭時被警員發現。

中巴的專營權於1998年結束，掀起了盜竊風潮，包括巴士型號牌、巴士站牌、車牌，也有交通迷向司機洽購屬於公司財產的制服，甚至擅自駕駛保安鬆懈的中巴巴士。

2009年 有少年在旺角東巴士總站懷疑偷駕巴士，並將片段上傳至YouTube，及後雖然刪除，但被網民重新上載。片段中，有人指導少年駕駛，而少年的駕駛技術不像擁有駕駛執照，導致險象橫生。當時，巴士的車匙爲百合匙，一條匙就可啟動不同巴士，而車門只需按動車外緊急掣則可打開——只要有巴士司機配一條百合匙給巴士迷，巴士迷就有機會啟動巴士。後來，各巴士公司升級保安系統，要求司機使用八達通卡啟動巴士。

8月，一名鐵路迷乘搭剛延長至紅磡站的西鐵綫列車，身上穿着前九鐵制服——這制服本爲鐵路公司財產，兩鐵合併前必須交還並銷毀。鐵路迷在柯士甸站被港鐵職員攔下，強行脫下其制服，只剩「雞翼袖」內衣。其實，不少前九鐵員工都有留下舊制服以作紀念，但不會如該鐵路迷般高調。

2011年 有巴士迷盜取最後仍在丹尼士飛鏢（Dennis Dart）上使用的路線目的地牌布。

2012年 一名十六歲巴士迷在沙田車廠偷取巴士，前往馬鞍山後再駛回車廠，及後被捕。

2013年 有鐵路迷自備「方形鑰匙」闖進東鐵綫駕駛室拍攝，並把片段上載至互聯網，從片段中可見列車正在行駛。

2015年 一名十五歲少年凌晨盜取巴士，並於大圍一帶行駛。由於駕駛技術不佳，被途經市民發現，再被尾隨警員拘捕。在車上發現一套九巴制服及一些工具。

2018年 一名十七歲少年在樂富盜取一部巴士，駛至貨櫃碼頭一帶，撞上迴旋處後逃去；一部79K線（上水－打鼓嶺松園下）巴士在凌晨被盜取，失控撞向一部私家車及的士；有巴士迷盜取五個巴士錢箱。

2020年 兩名沒有牌照的九巴職員兼巴士迷在沙田駕駛一部巴士，環繞新界達八十二公里，期間超速四十次。九巴職員從GPS發現異樣，隨即報警。兩名巴士迷被控擅取交通工具、無牌駕駛、瘋狂駕駛，以及駕駛時沒有第三者保險四項罪名。

2023年 春，兩名巴士迷在元朗偷駕一部退役後被保存的巴士，及後被捕；一名十七歲巴士迷在華富鬆開巴士手掣，巴士溜後撞向欄杆。

除了偷巴士外，巴士迷還有其他影響行車安全的行爲，如拍攝巴士時橫衝直撞、在馬路中心擺放雪糕筒阻礙巴士前進、不停與司機談話等等。

羣體內的不滿與歧視

至於鐵路迷，面對更嚴密的保安，雖然難以偷駕鐵路，但也有不少違法行爲。

例如，羅湖站屬於禁區範圍，只有過境旅客，或是擁有「邊境禁區通行證」的羅湖居民才可以在羅湖站下車。以往有上水居民爲了佔座位，會先坐一站到羅湖，再坐回頭車往九龍，就是違反條例（落馬洲站則容許「坐錯車」的乘客坐回上水）。春秋二祭時，市民則可經車站前往附近的沙嶺墳場，而不少鐵路迷會趁這個時機，前往沙嶺附近的地方拍攝羅湖調度場，也是MLR列車頭退役後拆毀的地方。

當時正值疫情，羅湖站關閉，只開放予居民及前往拜祭人士。本來跟執法人員表明前往拜山，理應就可通行。有鐵路迷在羅湖站往沙嶺的出口時跟職員講：「我來拜祭MLR。」職員聽得一頭霧水，鐵路迷自然被拒放行。本來簡單的事情，因一句毫無意義的回應變得複雜，後來被拒的鐵路迷竟跟傳媒聲稱自己被「無理拒絕」前往沙嶺，把事情鬧大，對整個鐵路迷界影響甚大。

每次交通迷的越軌行爲，很容易連累其他人，尤其本在灰色地帶生存的。有人曾駕駛掛着路線號碼的退役巴士，行走相同路段，不知就裏的乘客自然舉手截車，卻慘遭「飛站」，於是致電巴士公司投訴。另外，有人曾在大埔公路872線（沙田馬場－大埔中心）巴士翻側意外五周年前夕，駕駛相同型號退役巴士到車禍地點附近，並配上872的路線牌和肇事車牌拍照。每一次有人高調犯錯，其他交通迷便需承擔後果。

交通迷身受其害，自然對這些「害羣之馬」深惡痛絕。即使不是涉及法律、道德等大是大非問題，交通迷也有不同的行爲取向。於是，羣體內常有罵戰、仇視、標籤等問題。

有的交通迷研究機械、政策、享受駕駛、聯誼，但對較年輕的一羣而言，「交通」可能只是載體，重點是有機會一大班人一起玩。就像中學、大學時，參加不同的興趣班、學會，未必眞的全部喜歡音樂和戲劇，而是享受同儕間的友誼，有人精進技術，有人則慢慢淡出。

這情況發生在交通迷身上又是另一回事。部分年輕交通迷以派對心態「追車」——身處成長期的他們處於學習擺脫自我中心、照顧他人感受的過程，可惜「追車」不是管弦樂團、興趣班，沒有導師教授禮儀。「追車」現場的規訓，很多時只是約定俗成的，沒有明文規定。守規矩的交通迷看不過眼，有時直接對嗆，遇上對方血氣方剛，就難免衝突。顧及他人，正是青春期最難學的一課。

觀察交通迷「追車」的爭執時，很容易想起獨立音樂世界中的「規矩」之爭，到底什麼時候應該在台下Mosh Pit（無惡意衝撞）？怎樣才能避免意外，又撞得過癮？站在場邊冷靜的觀衆，是否被「紅館音樂式」圈養？而「前面班友喺度衝來衝去，係咪黐線？」這種羣體中的內部張力，在球場、辦公室、車站和巴士總站不時見到，並無二致。

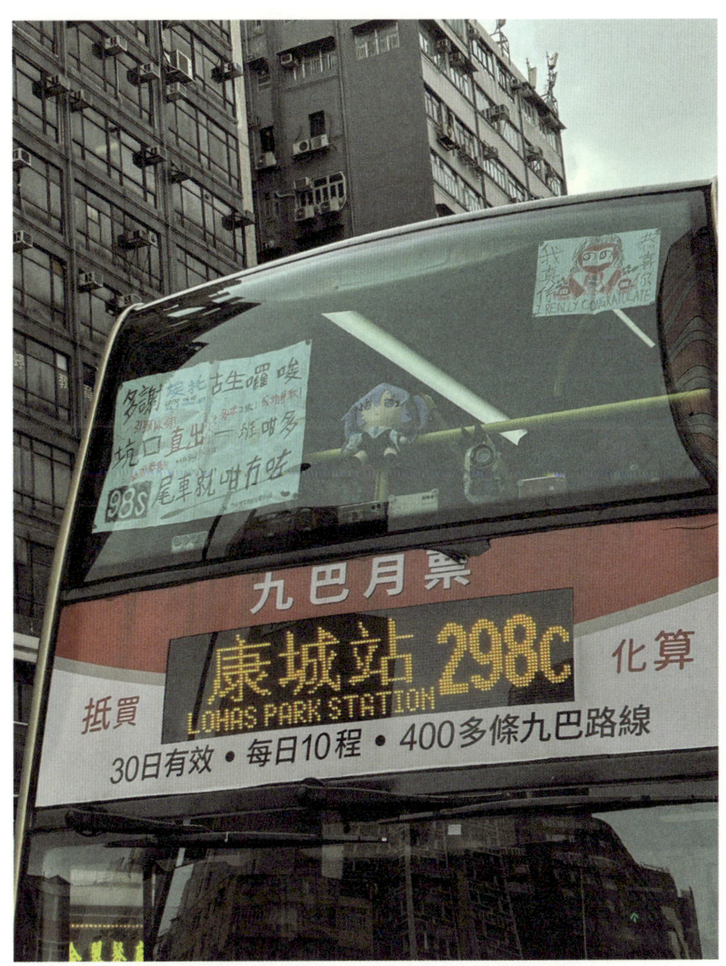

298C 線（康城站－美孚）首航日，上層擋風玻璃貼滿抗議標語

街頭可見的愛

數十個鏡頭對準閘口，閃光燈不斷閃爍。閘口一開，數百人應聲彈出，從大堂跑到月台，電梯、樓梯都是奔跑的人，直至登上車廂……車上有人慶祝，甚至開香檳，大呼小叫——如果你在電視新聞看見這個畫面，一定是新路線或新車站開幕。

康城站開幕，又或九龍南綫、西港島綫、南港島綫、屯馬綫一期、屯馬綫全綫通車……每一次，新聞報導有相同畫面，社交媒體和論壇都會有一模一樣的反應：「喪屍」、「留名等睇衝閘賽事」、「成班癲佬，唔知有咩好影」，甚至有網民把所有「衝閘畫面」剪輯，配上賽馬配樂調侃一番。所有畫面、評論就像一個組合套餐，情況就像農曆新年時，新聞總會直播市民爭上頭炷香，又或恭喜「新年首名出生的，是一名嬰兒」。

交通迷形象被媒體重複形塑

這些新聞片段的畫面，幾乎可以預料，像是一個Staged performance（舞台演出）。當這些影像不斷被強化，成爲一個必然的「戲軌」。康城站通車時，其中一名最早在網上被公開取笑的鐵路迷，手執香檳等待頭班車，上車後大叫，「仲有十秒，十，九，八，七……」他數數也不按實際時間，只用六秒就倒數完「十秒」。然而，車門在他數到「五」的時候關上，倒數至「二」時又發現香檳未拉開鐵線，最後狼狽之下開了香檳，大叫了幾聲「生日快樂，Happy birthday！」一名電視台攝影師錯過了「香檳男」倒數的珍貴一刻，喃喃地說了聲「再嗌多次啊。」這顯然是電視台最想要的影像。

守序的交通迷沒有什麼新聞價值。有的能進入專業範疇，就政策公開討論的，就以「專家」而非交通迷的身分出現。是以，在新聞中以「交通迷」身分出現的，給大衆的印象必定是「奇奇怪怪」、「可笑」，不斷地重複塑造。

網上論壇不時出現有關交通迷的討論，不意外地也是恥笑爲主。「巴膠」、「鐵膠」等標籤也在2000年代出現。當年最受歡迎的高登討論區會員「常流利」取粗口諧音而說「硬膠」，並把「膠」字併進巴、鐵，或其他愛好、興趣或身分之上。

最初，「巴膠」、「鐵膠」二詞指涉街上行爲「異於常人」、行爲不良的交通迷；後來漸漸泛指所有交通迷，貶義漸減，有些交通迷甚至不介意以「巴／鐵膠」自嘲。這兩個詞語甚至在2010年代進入主流媒介，《東方日報》、《明報》、《香港01》等都曾使用。

巴士迷與追星族

這不獨是交通迷的命運。事實上，大部分在街上「可見的愛」，正因爲「可見」而又「非主流」，往往衝擊一些人的思想，常常淪爲被恥笑的對象。

2018年，爲了記念平成幪面超人推出第二十部作品，在日本的新宿車站展示了二十位平成幪面超人的腰帶，而「平成幪面超人20周年×CSM 展覽」翌年在香港舉行，主辦單位在展覽期間舉行了幪面超人連續變身賽。參賽者非常投入，冠軍參賽者變裝時，更與聲效同步，形神兼備。不理解的人大呼尷尬，也有不少網民留言取笑，「如果我兒子日後長大這樣做，我會立即斷絕父子關係」、「救命……自己喺屋企扮就算啦，喺大庭廣衆有啲羞恥」。當然，有不少人即或不是「拉打」迷，也相當明白這種熱情和愛——即使不解，也無需厭惡。

在香港，早已有迷戀各式各樣事物的人存在。粵劇名伶薛覺先就有不少薛迷，在他演出時次次捧場；羅澧銘是其中的著名薛迷，非但與薛氏相交，更追隨覺先聲劇團演出、擔任劇團職務。羅澧銘在薛氏離世後，寫了共二十萬字的《薛覺先評傳》，成爲後世研究薛氏，乃至梨園往事的重要文獻。

九十年代初，軟硬天師的《廣播道Fans 殺人事件》，就講述當時追星的人們，熱情也頗像交通迷：

「各位Fans揸住BB／佔領紅館鎮壓IP
守住門口廿四小時／啲秘密通道佢無所不知
勤力過PR非常準時／晨早六點棟係唱片公司
牆上刻字地下寫詩／有起事黎會震碎玻璃
見偶像架車一轉出路口／佢就跑出馬路做長跑好手
跳高拍手仲擘大口／攤係路中心扭兩扭
由清水灣追到隧道口／披頭散髮又成身汗臭
面青口唇白都唔識得嘔／嗌夠睇夠咪返屋企唞」

從八十年代的張國榮、譚詠麟，後來的四大天王、王菲，以至近年的MIRROR，他們的「迷」都是一樣熱情。張、譚二人的歌迷猶如球會死敵，互相喝倒彩甚至叫罵時有出現。歌迷會衍生一套新的追星文化，那種熱情可能連偶像都接受不來，甚至影響偶像的形象——這幾乎可以完全套用在交通迷與巴士、鐵路公司之上。

換一個想像。如果有一天，日本帝王蟹、Omakase、常餐、咖啡，像巴士、鐵路般在街頭出現，一些熱情Foodie可能也會在街上發揮獵食本能，旁若無人地追着食物，甚至沒有餐桌禮儀地在街上瘋狂撕咬。很多人喜歡的事只是剛好，幸運地不在街上；或是不幸地……沒有什麼使他們擁有熱情吧。

我初進入學院教藝術設計時，常有一個信念：要學生對科目和研究有興趣，就必要以他們的興趣與嗜好作起步。喜歡交通和旅遊的，會對地圖、標記與路牌字體產生興趣，推而廣之至更廣泛的設計研究；喜歡運動的，可能對身體的感受比較大。只要能從自己有興趣的範疇出發，總能發展出創作來。

可惜，每次我問大家的興趣，絕大部分人都含糊其辭，對自己的興趣羞於啟齒，或是根本對世界任何事沒有興趣。華人世界，自少被教育不得標奇立異，本身有興趣、嗜好與專精，而有勇氣走下去的，可能已經是一種異數。

交通迷等於有自閉症？

日本設計大師原研哉在1987年爲日本國鐵設計新車票的網底。當時正值「日本國鐵」分割民營化，將分拆成數間公司，即是我們今日見到的JR北海道、JR東日本、JR東海等。原研哉有一個朋友是鐵路迷，以下是他回憶那位鐵路迷在設計過程中的點滴：

「我記得當時我的一位朋友就是個熱心的鐵道迷。對於一個普通人來講，即是微不足道的細節，如果他有特別的嗜好，就能發覺其中有無窮的價值，把全部的心血和熱情投入其中。當時那個朋友就幾乎整天泡在我的工作室，向我提出各種建議。那樣的熱情似乎讓人不堪承受，但只要知道至少還有人對『網底』（按：網底是一種企業識別，也有防僞作用。）感興趣，這無疑是對我的鼓舞。」[2]

交通迷朋友的建議，成就了原研哉「最小」的設計作品。但是，交通迷的熱情，有時會成爲滋擾，惹人反感，甚至被視作笑柄。這些讓大衆不解，又或過火的行爲，漸漸成爲了衆人對交通迷的刻板印象，正如在前述提到的各種不良行爲，如拍攝巴士時起爭執互相毆鬥、在街上追車罔顧交通安全、旁若無人大呼小叫……

再說一個例子。紐約男子Darius McCollum一生偸駕地鐵和巴士超過五千次；截至2024年初，他因擅駕巴士和地鐵，或其他公共交通有關罪名，先後被捕十九次，多次被判囚兩年半至五年不等。Darius 沉迷交通，皆因幼年時每當有情緒問題，母親總會帶他坐地鐵安撫。久而久之，他視地鐵爲安心之所。

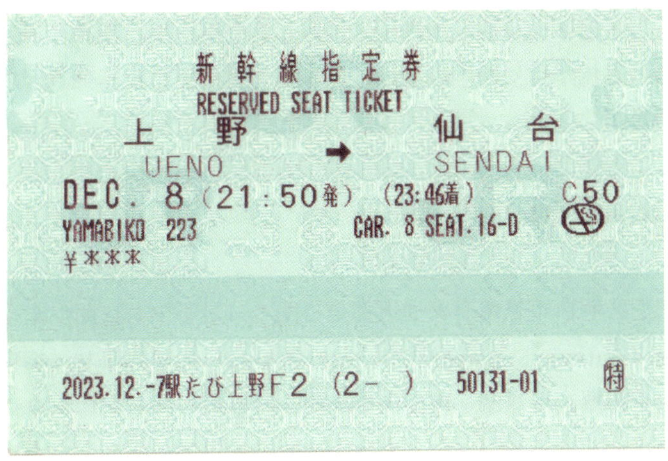

日本JR車票

Darius五歲時已經熟讀整個地鐵版圖，而不擅交際的他，屢遭欺凌，終日逃學，流連在地鐵站。他漸漸與地鐵職員混熟，學習了不少控制地鐵系統的知識和技巧。1980年，十五歲的Darius首次因駕駛地鐵E線被捕，自此開啟他不斷假扮地鐵或巴士職員，又不斷被捕的人生，更曾出現在紐約地鐵員工的加薪遊行示威之中。他二十四歲時，在獄中被診斷出有亞氏保加症（Asperger syndrome，屬於自閉症譜系障礙）。

自閉症（Autism）在九十年代才開始被香港大眾關注。大眾對自閉症患者的印象傾向刻板——興趣古怪而單一，對興趣以外所有事情都不感興趣，而興趣大多與歷史、數理有關；並且不懂察言觀色，對社交恐懼，甚至無禮。

同樣，有人把「自閉症」描述成「新人類」，如天才、數學家、科學家、歷史學家。公共交通作爲興趣，必然與掌故（歷史）、機械（數理）有關，更被認爲是偏門興趣。

2 朱鍔：《日本設計的未來學》（台北：商周出版，2010）。

有人把交通迷的奇怪行爲歸因於他們大多有自閉症。但是，這些行爲的背後是否只歸因於病症？巴士迷、鐵路迷是否全都有亞氏保加？

他們的目光，專注在某一點

我們想必明白不是所有交通迷都是自閉，只是不少有自閉症譜系障礙（Autistic Spectrum Disorder，ASD）特質的朋友，都喜歡巴士鐵路飛機渡輪。這歸因於他們大多喜歡一些有規律、有常規的事情，而公共交通工具有清晰的路線圖、固定班次，是有規律的、可預計的，因而特別容易讓他們着迷。

當具自閉症譜系障礙的朋友，一旦喜歡上交通會怎樣？在第四章〈捱更抵夜風餐露宿究極實測！首航、歡送與牛河〉，曾提及巴士301線結束服務當日，有具自閉症譜系障礙的巴士迷堵塞上車通道，惹怒一些趕上班的市民。有乘客責罵一輪後，把巴士迷推開，本以爲有一輪激烈衝突，但被推至幾乎倒地的巴士迷，視線沒有一刻離開巴士。他在意的從來都是巴士，連向他動粗的上班族，或是後來好言相勸的我都不在他的目光之中。

他們不懂察言觀色，未必能洞察自身問題，也未必掌握人與人之間的距離感。就如在「巴士301線事件」中，巴士迷未必意識他處於排隊位置，更不知自己阻礙其他人上車。有時，一些交通迷更會在車站熱心地「指揮交通」、「協助」乘客，或是在車上模仿報站系統——如此「入戲」，就像Darius一樣。

他們不是刻意忽略其他人的感受，而是更加專注於眼前的事物。就像第二章〈向世界出發的鐵路迷〉提到，有的鐵路迷很喜歡抄車序，這個行車秩序就是重複的規律，特別讓他們感到滿足、舒服。然而，垂手可以得到這些資料，受惠的可能是廣大的鐵路迷。

如果狀況輕微的人，成長中或會減輕當中的症狀。當我們理解他們的限制，就會明白箇中問題，只是有時具自閉症譜系障礙的交通迷既會互相歧視，也會害怕自己被標籤成同一類人。

不論對方有否具自閉症譜系障礙，不少交通迷本就不恥與不良交通迷為伍。族羣中的對立，一直在交通迷世界中發生。

當我的兒子是「巴士迷」

董啟章的《命子》是最細緻而準確描述巴士迷的文本——這是父親對兒子長期的觀察，不只是觀察一個巴士迷，而是對育兒的想像與落差；與一個對興趣無比熱情的家人相處的點滴，想像血脈，思考成長。

董啟章、黃念欣都是做文學的，「就算藝術不行，運動欠佳，興趣缺乏，學業也一般，那也沒關係。父親是作家嘛，媽媽也是中文系教授，兒子擁有語言天份幾乎是必然派彩。」然而，即或父母耐心跟幼年的新果講故事，他的目光往往落在頁碼的字體；新果主動閱讀的偏偏是《香港巴士車隊》。

《命子》有不少與巴士有關的情節，〈261事件〉講述新果對乘搭巴士的執著，曾經喜歡簇新的「金巴」，但到「白巴」退役時，又轉而追捧，變化難以觸摸。新果像是把巴士當成最優先的事：在新果小二、三時，有次說好一家去濕地公園。當時276B線（天富－上水彩園）有富豪和丹尼士兩種金巴行駛，新果當日堅持一定要坐丹尼士，結果連續來了三班車都是富豪。

「在我看來，倆種巴士的外形幾乎一模一樣。」結果，經說服下，新果無可奈何上了下一輛富豪。造物弄人，到濕地公園門口，卻見一輛丹尼士揚長駛過，新果拒絕入園，一家只能回到巴士站，胡亂登上第一輛到站的丹尼士，無緣無故去了金鐘。「工具變成目的，原本的目的卻變得無關重要。無論在目的地玩得

董啟章《命子》

多開心，只要乘車經驗欠佳，全日的快樂立即煙消雲散。」即使是去外地旅遊，來回的機場巴士，也成為新果評價旅程的重要指標。

《命子》出版後，一次藝術活動中，合作的藝術家白雙全邀請了董啟章和新果父子出席。這當然是拿簽名的時候，這書的作者和主角之一都簽了名，感覺像金庸跟令狐冲同時為我的《笑傲江湖》簽名一樣。

後來，我問新果：「會唔會唔開心？」畢竟不是人人都能接受，兒時的「怪異行為」被寫在書上。已讀大學的新果很堅定地說：「唔會，真㗎嘛！」爸爸對巴士沒興趣，但書中提及不同型號巴士的特點卻非常準確，這是兒子幫忙校對的。

我上一本文字作品《訊號山劇院》在見山書店舉行分享會，邀請了為我寫序的新果與作家郭梓祺對談。那天，念欣老師也來了，似乎很好奇兒子在一家沒有賣「巴士書」的書店，跟文學人會談什麼。當然，現已是大學生的新果，自言對巴士沒有從前的執著，世上需要關注的、重要的事實在太多。

作爲一個自問毫不執著的交通迷，也是寫字的人，很幸運地看完《命子》，再與他們一家見面，就像三百六十度觀看自己，也想想家人如何理解我的行爲，和在家中霸佔一堵牆的車仔與巴士模型。

交通迷也有女生嗎？

為何交通迷總是男性？

到底有沒有女性交通迷？如果沒有，是性別使然，還是後天影響？人是否會在先天而無關外力，單純因為性別而愛或／不愛汽車？

有說，這與先天因素有關。腦科學學者黑川伊保子曾提出一個疑問：「為什麼男孩子大多喜歡汽車？」她主張不同性別的腦袋，對自我形象和本能的發展潛力都不一樣。女孩子較擅長觀察別人心情，懂得自己笑容的魅力；男孩子天生對結構好奇，擅長深度認知、準確掌握距離感、洞察物質的構造等能力——這本來就是車子的特性。

也有說，這與教養方式有關，尤是在東亞，牢固的性別定型早已滲透在各人成長之中。老一輩常覺得男生要陽剛，女生要溫柔；是以，男生不應該喜愛洋娃娃，女孩子也不應玩車仔、槍械等玩具。久而久之，喜歡汽車的女孩子就比較少。

然而，我們都曾見過對汽車充滿熱情的女性。問題是，為什麼女性交通迷看似「隱形」，不會出現在大眾的目光中？

隱藏的女交通迷

香港不是沒有女交通迷，只是較少出現於公衆場域。就如第四章〈捱更抵夜風餐露宿究極實測！首航、歡送與牛河〉提到，一般最受傳媒大衆注目的活動——「追車行動」常涉及高速跑動，難免衝撞，也常起爭執，而且女交通迷在活動中因爲人數較少，有機會成爲觸目的一個，往往嚇怕她們。所以，一般女交通迷較少在大型活動中出現，雖說是較少出現，每次總會遇上至少一、兩位。

伍頌是女巴士迷。她估計女性交通迷佔整個羣組不足十分一，她認識幾位，但女巴士迷之間鮮有聚會，畢竟喜歡巴士，無關性別。「唯一試過一次，在四、五十人在Party room聚會，有六、七個女巴迷，拍了一張合照。」

相對在以男性爲主的巴迷羣體，校園對女巴迷的不解和欺凌更多。伍頌提到，其他同學覺得她很奇怪，甚至傳她跟帶她喜歡巴士的男同學是情侶。另一位女鐵路迷Ella也有同樣經歷，這些欺凌往往來自女同學之間。始終「汽車」本就是一種性別定型下的「男生興趣」，鐵路與巴士更是「毒男興趣」，女交通迷所需要跨越的，是雙重的刻板印象。

我很好奇，除較少出現在「追車現場」，女交通迷有沒有展現一些男交通迷沒有的性別特質？

我訪問了大約十位女交通迷，也在YouTube、論壇找到一些女交通迷，她們喜歡交通的面向似乎跟男性並無二致，同樣喜歡「留車」、「牛河」、「影車」。男性交通迷會做的，她們都會做，而她們喜歡交通的原因，也是與生活習慣、對車輛的感官感受有關，跟很多男性交通迷相近。

鐵路迷的女媧

英國國家鐵路博物館在2014年做了一項研究，指有紀錄以來，最初的鐵路迷是一名叫Fanny Johnson的女孩。1861年，她十四歲時寫了一篇文章"Names of the engines on the Great Western that I have seen"，記錄了不少大西部鐵路公司的蒸汽機車資料。雖然原稿已散佚，部分手稿曾在1935年的《大西部鐵路雜誌》中刊出。Fanny 是健力士世界紀錄認證的首位鐵路迷。

在英國，作家Zoe Elizabeth Hunter 寫了一系列以郡爲單位的鐵路研究書籍。詩人Patience Agbabi也曾在《衛報》中撰文表示自己是鐵路迷，以鐵路作爲興趣，如何團結家人。

Patience說，她不是刻板印象中，那些在月台盡處，穿着風衣，手執拍紙簿記錄列車的白人男人，而是一個小個子的黑人女性，會用電話爲列車拍照，傳給兩個兒子。若她拍到一部罕有火車，兒子便會非常興奮，這就是Patience的「追鐵」生活。

從前，她常因工作關係，乘坐鐵路遊遍英國各大小城鎮。對她而言，鐵路曾經只是交通工具，列車型號是行李位置與座位舒適與否的分別。兩個兒子的出生，改變了一切——他們都是鐵路迷，更重要的是丈夫對鐵路的愛好因兩個兒子變得熱烈；Patience也漸漸認識鐵路，豐富了她的文學創作，她的作品*The Circle Breakers* 就有一個鐵路迷角色。鐵路成爲了他們一家的共同語言和家庭活動。

本書最後一個問題，也回歸一個最原始的命題：交通迷是什麼？怎樣的程度、行爲才是交通迷？

這本書沒提供任何定義與答案，交通迷從來不是一個緊密、有統一行爲和文化的羣體。從八十年代至今四十年的香港交通迷文化，從組織，到離散；各種不同的愛好取向：攝影攝錄、儲模型精品車票紀念品、參與保育、加入交通行業、倡議政策⋯⋯交通迷的世界很大。編寫此書時，即使本來就是同道，亦覺得自己一直只是坐井觀天。

若你也是交通迷，也希望你閱畢此書後，對自己的愛好，添加新的理解與想像。

後記及鳴謝

若你問我是不是巴士迷、鐵路迷，我會答——基本上所有交通工具，我都喜歡。我喜歡電影，做過影迷的專訪，也有一段時間很沉迷於足球球迷與球會之間的故事。所以我想研究的，始終是「迷」，即是人的行爲。因着我對交通的廣泛喜好，這本書本來曾計劃，包括升降機迷、航空迷、船迷的故事，但要把這些交通迷都囊括在書中，恐怕要再用五年。

即使只講巴士迷、鐵路迷，也是一個相當龐大的工程。若你讀畢此書，一定會發現交通迷的行爲相當廣泛。在我的訪問中，沒有一位交通迷會對書中提及的所有事情有經驗或興趣，像我本來只會坐車和儲模型，鮮會出去追車。因此，我非常感謝街上遇上的交通迷朋友、接受訪問的專家、專頁管理員、前議員等，更感謝他們帶我第一次追鐵追巴士，短暫保留了一部退役巴士，也帶我投入鐵路模型世界。

以上十幾篇文章，環環相扣。若像網上百科全書一樣，可用超連結連繫就好了。以紙本書的形態表達，要將他們好好分門別類，實在非常頭痛；加上要寫交通迷，實在不能避免寫艱澀難明的交通事和專有名詞，如何平衡，使大家都能讀懂，難度甚高。在此感謝編輯Dawn的細心與耐心——這本書是她提議我寫的，橫跨超過三年的時間，從東京奧運到巴黎奧運。要等我慢慢訪問、逐樣試試，簡直是運動員的心理狀態。也感謝黃念欣老師賜序。

最後，本書出版前已歷幾次勘誤。若仍有疏漏，責任在我。再次感謝各位，了解香港交通迷的世界。

感謝以下交通迷朋友（排名不分先後）：

堪富利	Mr. Graham White
巴叔	張文龍先生
Max Lam	陳嘉朗先生
Ella Wong	許漢榮先生
Oggy Hui	Siky Wan
花生	紅燈籠Sam
紀俊安先生	M小姐
伍頌	Steven Li
527	梁領彥先生
Kayu	李浩賢先生
Thomas Yeung	Burton Lam
謝耀漢先生	董新果先生
Johnny	Chan NK
Anson	修
Rick Wong	鍾樂翹先生
Ernest Leung	Tim Tim Cheng
Morris（名鐵哥）	恩恩

後

以下一段英文詩，是詩人Tim Tim Cheng之作。
我考獲巴士牌時，她剛好想寫一首關於巴士的詩。
她從愛丁堡打電話來，我們談到座位選擇，駕駛技巧，還有喜歡公共交通的原因。
我還在視像通話中模仿了一次巴士路試。
很高興巴士這回事，成爲了我和不少朋友的創作養分。

Swing

How lucky though restless
you are, from the upper front seat
the street is your cinema:

lampposts, hairlines, work recede
as the golden hour drives you home,
the way you've played
with double-deckers since small—

back and forth, back and forth,
mouthing the rumble
until you sleep like buses at the depot—

the night you missed your stop
was a rare glitch in biological clock:
you've always known the exit button by heart,
riding, finding, freeing.

浪漫交通迷解碼

作者、繪圖 / 林兆榮

策劃編輯 / 史曉晴

美術設計 / 西奈

出版發行 / 突破出版社

香港沙田亞公角山路33號突破青年村

電話：2632 0000　傳真：2632 0388

電郵：breakthrough@breakthrough.org.hk

網址：http://www.breakthrough.org.hk

http://www.btproduct.com

2025年2月初版1刷

The Secret World of Transport Enthusiastic

by Lam Siu Wing

First Printing, First Edition, February 2025

Printed in Hong Kong

ISBN 978-988-8846-10-8

誠邀閣下就突破出版社的書籍發表意見

歡迎加入突破出版社 Facebook page－http://www.facebook.com/btbooks.page

本書採用環保油墨印刷